A MENTALIDADE DA ABUNDÂNCIA

OUTROS LIVROS DE JOEL OSTEEN

ESVAZIE A NEGATIVIDADE

Abra Espaço para Mais Alegria, Maior Confiança e Novos Níveis de Influência

EU DECLARO

31 Promessas de Vitória para a Sua Vida

SUA MELHOR VIDA AGORA

7 Passos para Viver em Seu Potencial Máximo

BREAK OUT!

Break Out! Journal
Daily Readings from Break Out!

EVERY DAY A FRIDAY

Every Day a Friday Journal
Daily Readings from Every Day a Friday

FRESH START

Fresh Start Study Guide

NEXT LEVEL THINKING

Next Level Thinking Journal Next Level Thinking Study Guide
Daily Readings from Next Level Thinking

EM PAZ COM PROPÓSITO

Segredos de uma Vida Produtiva e Sem Estresse

THE POWER OF FAVOR

The Power of Favor Study Guide

THE POWER OF I AM

The Power of I Am Journal
The Power of I Am Study Guide
Daily Readings from The Power of I Am

THINK BETTER, LIVE BETTER

Think Better, Live Better Journal
Think Better, Live Better Study Guide
Daily Readings from Think Better, Live Better

TWO WORDS THAT WILL CHANGE YOUR LIFE TODAY

WITH VICTORIA OSTEEN

Our Best Life Together
Wake Up to Hope Devotional

YOU CAN, YOU WILL

You Can, You Will Journal
Daily Readings from You Can, You Will

JOEL OSTEEN

A MENTALIDADE DA ABUNDÂNCIA

O SUCESSO COMEÇA AQUI

ALTA BOOKS
GRUPO EDITORIAL
Rio de Janeiro, 2023

A Mentalidade da Abundância

Copyright © 2023 da Starlin Alta Editora e Consultoria Ltda.
ISBN: 978-65-5520-588-6

Translated from original The Abundance Mindset. Copyright © 2020 by Hachette Book Group. ISBN 978-1-5460-3869-6. This translation is published and sold by Faith Wordsl, the owner of all rights to publish and sell the same. PORTUGUESE language edition published by Starlin Alta Editora e Consultoria Ltda, Copyright © 2023 by Starlin Alta Editora e Consultoria Ltda.

Impresso no Brasil — 1ª Edição, 2023 — Edição revisada conforme o Acordo Ortográfico da Língua Portuguesa de 2009.

Todos os direitos estão reservados e protegidos por Lei. Nenhuma parte deste livro, sem autorização prévia por escrito da editora, poderá ser reproduzida ou transmitida. A violação dos Direitos Autorais é crime estabelecido na Lei nº 9.610/98 e com punição de acordo com o artigo 184 do Código Penal.

A editora não se responsabiliza pelo conteúdo da obra, formulada exclusivamente pelo(s) autor(es).

Marcas Registradas: Todos os termos mencionados e reconhecidos como Marca Registrada e/ou Comercial são de responsabilidade de seus proprietários. A editora informa não estar associada a nenhum produto e/ou fornecedor apresentado no livro.

Erratas e arquivos de apoio: No site da editora relatamos, com a devida correção, qualquer erro encontrado em nossos livros, bem como disponibilizamos arquivos de apoio se aplicáveis à obra em questão.
Acesse o site www.altabooks.com.br e procure pelo título do livro desejado para ter acesso às erratas, aos arquivos de apoio e/ou a outros conteúdos aplicáveis à obra.

Suporte Técnico: A obra é comercializada na forma em que está, sem direito a suporte técnico ou orientação pessoal/exclusiva ao leitor.

A editora não se responsabiliza pela manutenção, atualização e idioma dos sites referidos pelos autores nesta obra.

Dados Internacionais de Catalogação na Publicação (CIP) de acordo com ISBD

O85m Osteen, Joel
A Mentalidade da Abundância: o sucesso começa aqui / Joel Osteen ; traduzido por Cristina Parga. - Rio de Janeiro : Alta Books, 2023.
128 p. ; 16cm x 23cm.

Tradução de: The Abundance Mindset
Inclui índice.
ISBN: 978-65-5520-588-6

1. Autoajuda. 2. Abundância. 3. Sucesso. I. Parga, Cristina. II. Título.

2022-1295
CDD 158.1
CDU 159.947

Elaborado por Vagner Rodolfo da Silva - CRB-8/9410

Índice para catálogo sistemático:
1. Autoajuda 158.1
2. Autoajuda 159.947

Atuaram na edição desta obra:

Produção Editorial
Grupo Editorial Alta Books

Diretor Editorial
Anderson Vieira
anderson.vieira@altabooks.com.br

Editor
José Ruggeri
j.ruggeri@altabooks.com.br

Gerência Comercial
Claudio Lima
claudio@altabooks.com.br

Gerência Marketing
Andréa Guatiello
andrea@altabooks.com.br

Coordenação Comercial
Thiago Biaggi

Coordenação de Eventos
Viviane Paiva
comercial@altabooks.com.br

Coordenação ADM/Finc.
Solange Souza

Coordenação Logística
Waldir Rodrigues

Gestão de Pessoas
Jairo Araújo

Direitos Autorais
Raquel Porto
rights@altabooks.com.br

Assistente da Obra
Mariana Portugal

Produtores Editoriais
Illysabelle Trajano
Maria de Lourdes Borges
Paulo Gomes
Thales Silva
Thiê Alves

Equipe Comercial
Adenir Gomes
Ana Claudia Lima
Andrea Riccelli
Daiana Costa
Everson Sete
Kaique Luiz
Luana Santos
Maira Conceição
Nathasha Sales
Pablo Frazão

Equipe Editorial
Ana Clara Tambasco
Andreza Moraes
Beatriz de Assis
Beatriz Frohe
Betânia Santos
Brenda Rodrigues

Caroline David
Erick Brandão
Elton Manhães
Gabriela Paiva
Gabriela Nataly
Henrique Waldez
Isabella Gibara
Karolayne Alves
Kelry Oliveira
Lorrahn Candido
Luana Maura
Marcelli Ferreira
Marlon Souza
Matheus Mello
Milena Soares
Patricia Silvestre
Viviane Corrêa
Yasmin Sayonara

Marketing Editorial
Amanda Mucci
Ana Paula Ferreira
Beatriz Martins
Ellen Nascimento
Livia Carvalho
Guilherme Nunes
Thiago Brito

Tradução
Cristina Parga

Copidesque
Eliana Moura

Revisão Gramatical
Hellen Suzuki
Thaís Pol

Diagramação
Joyce Matosl

Capa
Caique Cavalcante

Editora afiliada à:

Rua Viúva Cláudio, 291 – Bairro Industrial do Jacaré
CEP: 20.970-031 – Rio de Janeiro (RJ)
Tels.: (21) 3278-8069 / 3278-8419

ALTA BOOKS
GRUPO EDITORIAL

www.altabooks.com.br — altabooks@altabooks.com.br
Ouvidoria: ouvidoria@altabooks.com.br

SUMÁRIO

Sobre o autor . . . . *vii*

Introdução. . . . . *ix*

CAPÍTULO UM
    Desenvolva uma Mentalidade de Abundância . . . 1

CAPÍTULO DOIS
    Veja-se Alcançando Novos Níveis 25

CAPÍTULO TRÊS
    Eleve Suas Expectativas 41

CAPÍTULO QUATRO
    Descubra o Poder 71

CAPÍTULO CINCO
    Seja o Milagre de Alguém 93

SOBRE O AUTOR

JOEL OSTEEN é autor de dez best-sellers do *New York Times* e pastor sênior da Igreja Lakewood, em Houston. Foi citado por inúmeras publicações como um dos líderes cristãos mais influentes do mundo. Suas mensagens televisivas são vistas por mais de 10 milhões de telespectadores por semana nos EUA e por outros milhões em cem nações ao redor do mundo. Também é apresentador da Rádio Joel Osteen, um canal 24 horas na rádio satélite SiriusxM, canal 128. Vive em Houston com a esposa, Victoria, e seus filhos. Você pode visitar seu site, www.joelosteen.com, e encontrá-lo no Facebook em www.facebook.com/JoelOsteen.

INTRODUÇÃO

Todos nós temos visão. Cada um de nós tem na mente uma imagem de si mesmo, da própria família, do próprio futuro. A pergunta é: como é essa imagem? Você se vê progredindo, superando obstáculos, vivendo uma vida abundante? Ou se vê passando por dificuldades, derrotado, viciado, com excesso de peso e sem dádivas? As imagens que aceita em sua mente determinarão o tipo de vida que você vive. Se a sua visão for limitada, sua vida também o será. O homem é aquilo que ele pensa ser, dizem as Escrituras.

Para que seu sonho possa se realizar, você precisa se visualizar conquistando esse sonho. Precisa de uma imagem dele. Antes de conseguir a promoção ou vencer um vício, precisa visualizar isso em sua imaginação. As imagens que cultiva — sua visão — não só se infiltram no seu espírito, mas acessam o seu subconsciente. Quando algo está no subconsciente, sua força é como a da gravidade — atraindo-o, mesmo que você nem pense a respeito dela.

Muitas pessoas guardam imagens negativas no subconsciente. Elas se veem fracas, derrotadas, inferiores e se perguntam por que sentem como se algo estivesse sempre contra elas. Estão constantemente na luta. Nunca se sentem bem consigo mesmas — tudo isso porque suas imagens estão equivocadas. Se você modificar sua imagem e começar a se ver como Deus o vê — abençoado, próspero, saudável, forte, talentoso, bem-sucedido — em vez de lutar contra si mesmo, estará lutando por você. Estará caminhando para bênção, aprovação, promoção e abundância.

As Escrituras dizem: "Onde não há visão, o povo perece." Elas não falam da falta de dinheiro, oportunidades ou talentos. O que nos limita é a falta de visão. Atreva-se a sonhar novamente. Atreva-se a ter uma grande visão para uma vida abundante e confie em Deus para realizá-la. Não é preciso descobrir como vai acontecer. Tudo o que você tem que fazer é acreditar. Um toque da graça divina pode transformar qualquer sonho em realidade. Mas você tem que vê-lo no seu interior, antes que ele se concretize no exterior.

Ao longo destas páginas, eu o ajudarei a ter uma mentalidade de abundância para a sua vida, e um dia, em vez de apenas ter um sonho, você estará vivendo o sonho. Sua visão se tornará realidade.

CAPÍTULO UM

DESENVOLVA UMA MENTALIDADE DE ABUNDÂNCIA

O sonho de Deus para sua vida é que você seja tão abençoado que possa ser uma bênção para os outros. Davi disse: "Minha taça transborda." Deus é um Deus do transbordamento. Mas eis a chave: você não pode andar por aí pensando em falta, insuficiência, luta, e esperando ter abundância. Se está sob pressão há muito tempo e tem dificuldade para pagar as contas, é fácil desenvolver uma mentalidade limitada. *Nunca sairei deste bairro. Nunca terei dinheiro suficiente para a faculdade dos meus filhos.* Você pode estar nesse lugar agora, mas não precisa permanecer nele.

Deus se chama El Shaddai, o Deus do *Mais que o Bastante*. Não é o Deus da Escassez ou o Deus do Ajude-me a Sobreviver. Ele é o Deus do Transbordamento. O Deus da Abundância.

O Salmo 35 diz: "Repitam continuamente: 'Glorificado seja o SENHOR, que tem prazer na felicidade do seu servo!'"

Eles deveriam repetir constantemente: "Deus tem prazer em me fazer prosperar." Assim, desenvolveriam essa mentalidade de abundância. Sua vida caminha em direção àquilo em que você está sempre pensando. Se está sempre pensando em falta, insuficiência e luta, está caminhando em direção às coisas erradas. Ao longo do dia, medite nestes pensamentos: transbordamento, abundância, Deus tem prazer em me fazer prosperar.

ESCASSEZ, O SUFICIENTE E O MAIS QUE O BASTANTE

Nas Escrituras, os israelitas viveram por muitos anos na escravidão. Essa era a Terra da Escassez. Eles estavam apenas resistindo, sobrevivendo, mal conseguindo superar as dificuldades. Um dia, Deus os libertou da escravidão e os levou para o deserto. Aquela era a Terra do Suficiente. Suas necessidades eram supridas, mas nada mais. Diz-se que suas roupas duraram quarenta anos sem se desgastar. Tenho certeza de que estavam agradecidos. Quanto a vocês, não sei, mas não quero usar essas mesmas roupas durante os próximos quarenta anos. Se for preciso, não vou reclamar, mas essa não é a minha ideia de abundância. Também não era a de Deus. Um dia, Deus os levou para a Terra Prometida. Essa era a Terra do Mais do que Bastante. A comida e os suprimentos eram abundantes. Os cachos de uvas eram tão grandes que eram necessários dois homens adultos para carregá-los. Essa era "a terra que mana leite e mel". "Manar" significa "jorrar sem parar", sem nunca se esgotar. Permanecendo em abundância. É para lá que Deus está levando você.

Talvez, neste momento, você esteja na Terra da Escassez. Você não sabe como conseguirá resistir até a próxima semana. Não se preocupe. Deus não se esqueceu de você. Deus veste os lírios do campo. Ele alimenta os pássaros do ar. Ele vai tomar conta de você.

Talvez você esteja na Terra do Suficiente. Suas necessidades são supridas. Você está grato, mas não há nada a mais, nada que lhe permita realizar seus sonhos. Deus está dizendo: "Eu não soprei minha vida em você para que vivesse na Terra da Escassez. Não o criei para viver na Terra do Suficiente." Essas terras são fases, como estações do ano. São testes. Mas não são permanentes. Não fixe suas estacas nesse solo. Você está de passagem. E isso é só temporário. Deus tem uma Terra Prometida para você. Ele tem um lugar de abundância, de mais do que o bastante, onde as provisões fluem ininterruptas, e você continuará a crescer. Continuará a ter abundância.

Se estiver na Terra da Escassez, não se atreva a se estabelecer por lá. É lá que você está, mas não é esse que você é. Essa é a sua localização; não é a sua identidade. Você é um filho do Deus Altíssimo.

Não importa o que pareça, mantenha essa mentalidade abundante. Lembre-se sempre: "Deus tem prazer em me fazer prosperar. Eu sou a cabeça, e não a cauda."

As Escrituras dizem que Deus suprirá nossas necessidades "de acordo com suas riquezas". Olhamos tantas vezes para nossas situações e pensamos: *nunca vou para frente. Os negócios estão ruins* ou *moro em um conjunto habitacional. Nunca sairei daqui.* Mas não. Ele não as suprirá de acordo com o que você tem, e sim de acordo com o que Ele tem. A boa notícia é que Deus tem tudo isso. Um toque da graça divina pode tirar você da Escassez e colocá-lo no Mais que o Bastante. Deus tem maneiras de fazê-lo se expandir além da sua renda habitual, além do seu salário, além do previsível. Pare de dizer a si mesmo: "Isso é tudo o que sempre terei. Meu avô era falido. Mamãe e papai não tinham nada. Meu cão vive de benefícios sociais. Meu gato está sem abrigo." Esqueça tudo isso e tenha uma mentalidade abundante. "Não vou ficar aqui. Sou abençoado. Sou próspero. Sigo em direção ao transbordamento, para a Terra do Mais que o Bastante."

CABRITO OU NOVILHO GORDO

Recebi uma carta de um jovem casal. Ambos haviam sido criados em famílias de baixa renda. Enquanto cresciam, tudo o que viam era a falta, a luta, a dificuldade de avançar. Suas famílias haviam aceitado a própria condição, mas não esse casal. Eles tinham vindo para Lakewood, e a mentalidade deles não era de escassez. Era uma mentalidade de abundância. Sabiam que Deus tinha uma Terra Prometida reservada para eles. Deram um salto de fé. Com rendimentos muito medianos, decidiram construir a própria casa. Não fizeram um empréstimo. Sempre que conseguiam recursos extras, compravam os materiais e contratavam os empreiteiros. Alguns anos mais tarde, mudaram-se para uma bela casa em um bairro agradável, tudo isso sem dívidas. Era como se Deus tivesse multiplicado seus recursos. Não faz muito tempo, venderam aquela casa pelo dobro do que haviam comprado. "Nunca sonhamos que seríamos tão abençoados como hoje", a senhora escreveu. E continuou: "Meus bisavós e avós sempre disseram que se eu tivesse feijão com arroz seria o suficiente. Mas eu sempre soube que um dia teria bife."

Se você vai se tornar tudo o que Deus o criou para ser, tem que fazer uma escolha, como ela fez. Não pode se contentar com o feijão com arroz. Não ficará preso na Terra da Escassez ou na Terra do Suficiente; continuará intercedendo, acreditando, esperando com fé, sonhando, trabalhando e sendo fiel até chegar à Terra do Mais que o Bastante. Não há nada de errado no feijão com arroz. Não há nada de errado com a sobrevivência. Mas Deus quer que você vá mais longe. Deus quer que você estabeleça um novo padrão para sua família. Ele é um Deus transbordante, um Deus mais do que suficiente.

Jesus contou uma parábola sobre um filho pródigo. O jovem saiu de casa e torrou o dinheiro todo, desperdiçou sua herança e decidiu voltar. Quando seu pai o viu — o pai representa Deus —, disse aos servos: "Traga-me um novilho gordo. Vamos festejar."

Mas o irmão mais velho ficou chateado e disse: "Pai, estive com você esse tempo todo, e o Senhor nunca me ofereceu nem um cabrito."

Agora eu lhe pergunto: você tem uma mentalidade de novilho gordo ou de cabrito? Você acha que feijão com arroz é o suficiente? Ou diz: "Também quero bife, ovo estrelado e batatas fritas"? Você pode viver de pão e água. Pode sobreviver na Terra da Escassez. Nós podemos subsistir na Terra do Suficiente. "Só o suficiente para sobreviver. Só o suficiente para pagar minhas contas nesta semana." Mas esse não é o melhor de Deus. Seu Pai celestial, aquele que lhe deu a vida, está dizendo: "Tenho um novilho gordo para você. Tenho um lugar para você na Terra do Mais que o Bastante."

Não fique pensando que nunca vai chegar lá. Que nunca viverá em um lugar agradável. Que nunca terá o suficiente para realizar seus sonhos. Livre-se dessa mentalidade de cabrito e comece a ter uma mentalidade de novilho gordo. Deus quer que você transborde com a bondade dele. Ele tem maneiras de lhe fazer crescer, maneiras antes nunca sonhadas.

UM TOQUE DA GRAÇA DE DEUS

Recebi uma carta de uma mãe solteira. Ela imigrou da Europa para os EUA há muitos anos. O inglês não é sua língua materna. Com três filhos pequenos, ela não sabia se, no futuro, poderia colocá-los na faculdade. Parecia estar em desvantagem, vivendo em um país estrangeiro sozinha, sem conhecer ninguém.

Essa mãe se candidatou a um emprego como secretária em uma universidade de prestígio. Dezenas de pessoas se candidataram ao mesmo cargo. Quando viu a concorrência, quase se sentiu intimidada. Pensamentos negativos bombardearam sua mente. Para piorar, a senhora que conduziu a entrevista foi dura e intransigente. Mas essa mãe não se sentiu frustrada. Sua lógica não era de inferioridade; ela não pensava: *Para quê? Estou em desvantagem. Nunca irei adiante.* Sua mentalidade era de novilho gordo. Ela não via um caminho, mas sabia que Deus tinha um.

Todos os candidatos tiveram que fazer um teste de digitação de cinco minutos. Ela não era uma datilógrafa rápida, mas começou a digitar, fazendo o melhor. O sino tocou, avisando que seus cinco minutos tinham acabado, e ela parou de digitar. Mas a senhora encarregada da prova se distraiu com um telefonema e lhe disse, com aspereza: "Continue digitando! Esse não é o seu sinal." O sinal era dela. Estava bem na sua frente. "Está bem", disse ela, e digitou mais cinco minutos. No final, o número de palavras digitadas por ela foi somado — dando um total de dez minutos — e dividido por cinco, e de longe ela conseguiu o melhor resultado em habilidades de digitação, conquistando o emprego. Um dos benefícios de trabalhar para essa universidade foi o fato de que seus filhos puderam frequentá-la de graça. Isso foi há mais de trinta anos. Hoje, seus três filhos são formados por essa prestigiosa universidade, tendo recebido mais de US$700 mil em educação, sem custos.

Um toque da graça divina pode impulsioná-lo para mais do que o bastante. Não se deixe dissuadir. Ao longo do dia, repita: "Eu sou próspero. Estou entrando no transbordamento. Vou emprestar, e não pedir emprestado."

UM LUGAR DE ABUNDÂNCIA

Quando os israelitas estavam no deserto, na Terra da Escassez, cansaram-se de comer a mesma coisa todos os dias. "Moisés, queremos um pouco de carne para comer por aqui", disseram. Estavam reclamando, ainda que por pouco tempo, enquanto a mentalidade deles era de novilho gordo.

Moisés pensou: *Impossível. Carne aqui no deserto? Bife para 2 milhões de pessoas?* Não havia mercearias, não havia armazéns para comprar caminhões carregados de carne. Mas Deus tem caminhos para o crescimento, alguns nunca dantes imaginados. Deus simplesmente mudou a direção do vento e fez com que um enorme bando de codornizes entrasse no acampamento. Eles não precisavam correr atrás da comida. Ela chegou a eles. O interessante é que as codornizes normalmente não viajam para tão longe da água. Se não houvesse um vento forte, as codornizes nunca teriam chegado ao deserto. Do que estou falando? Deus sabe como levar a provisão até você.

Um estatístico fez alguns cálculos. Com base no tamanho do campo, no número de pessoas e no número suficiente de codornizes para estarem a cerca de um metro do chão, como dizem as Escrituras, concluiu que aproximadamente 105 milhões de codornizes entraram no campo. Esse é um Deus abundante. Ele poderia ter-lhes dado um par de codornizes por pessoa, que seriam 4 ou 5 milhões de aves. Mas

Deus não quer apenas satisfazer suas necessidades, Ele quer fazer isso em abundância. A pergunta é: você está pensando no cabrito ou no novilho gordo?

"Bom, Joel. Não tenho condições de pagar por um lugar agradável para viver." Posso falar, com todo o respeito? Cabrito.

"Nunca poderei colocar meus filhos na faculdade que eles realmente querem." Cabrito.

"Nunca conseguirei construir aquele orfanato. Nunca conseguiria sustentar outras famílias. Mal consigo sustentar a minha."

Amigo, Deus tem um novilho gordo, um lugar de abundância para você. Ele não é limitado pelas suas circunstâncias, pelo modo como você foi criado ou pelo que não tem. O que o limita é aquilo em que você acredita. Talvez tenha vivido com aquele cabrito por anos e anos. Vocês se tornaram melhores amigos. Mas é preciso avisá-lo hoje: "Sinto muito, mas nosso relacionamento acabou. Está feito. Vamos nos separar."

Ele pode chorar e reclamar: "Bééé!" Pode perguntar: "Você me trocou?"

Diga a ele: "Sim, encontrei um novilho gordo. Chega de pensar em escassez, em ter o mínimo, só o suficiente. De agora em diante, estou pensando em mais do que o bastante; tenho uma mentalidade abundante."

CALCADA E TRANSBORDANTE

Se você vive com essa atitude, Deus o abençoará de maneiras nunca antes imaginadas. Conversei com uma senhora que passou por muitas dificuldades. Por anos, mal conseguia sobreviver, mas todos os domingos ela e seus dois filhos estavam aqui em Lakewood. Apesar de todos os obstáculos, eles não tinham uma mentalidade de cabrito. Estavam na Terra da Escassez, mas não fixaram as estacas naquele solo. Eles sabiam que aquele não era o seu endereço permanente.

É preciso ser fiel no deserto, como essa mãe, para conseguir entrar na Terra Prometida. Não estou dizendo que tudo vai mudar da noite para o dia. Haverá épocas de testes e provas. Seu pensamento vai lhe dizer: *Isso nunca vai mudar*, mas não acredite nessas mentiras. Continue sendo fiel onde estiver, honrando a Deus e agradecendo a Ele por estar no caminho para o transbordamento.

Desde pequeno, o filho dessa senhora sempre disse que ia conseguir uma bolsa de estudos para a faculdade. Ele poderia ter pensado: *Somos pobres. Estou em desvantagem*. Mas essa mãe ensinou aos filhos que Deus é um Deus de abundância. Há algum tempo, seu filho se formou em segundo lugar no ensino médio. Ele não ganhou nem uma bolsa de estudos, nem duas, nem sete. Ganhou nove bolsas de estudo, totalizando mais de U$1,3 milhão! Sua graduação, seu mestrado e seu doutorado são todos bancados por essa bolsa na Universidade de Georgetown. É o que acontece quando se diz "adeus" ao cabrito e "olá" ao novilho gordo.

Jesus falou que o que oferecemos nos será devolvido como uma boa medida, calcada, sacudida, transbordante. Mas o que significa *calcada*?

Eu e meus filhos costumávamos fazer biscoitos com gotas de chocolate. A receita pede ¾ de uma xícara de açúcar mascavo. Quando você derrama o açúcar mascavo até a marca de ¾, ele fica tão volumoso e denso que é preciso calcá-lo, comprimindo-o.

Assim, você pode colocar cerca do dobro do que inicialmente poderia.

É isso que Deus está dizendo quando você se sente satisfeito, pensando que é abençoado e saudável. Você precisa só de uma bolsa de estudos. Só quer que a casa seja vendida pelo valor pelo qual a comprou. Você quer codornizes só para um ou dois dias. E Deus diz: "Tudo bem, mas Eu sou um Deus transbordante. Eu sou um Deus mais do que o suficiente. Estou prestes a calcá-lo e a dar espaço para mais da Minha multiplicação. Vou pressioná-lo e mostrar-lhe Meu favor de uma nova forma."

Depois de calcá-lo, Ele vai sacudi-lo, e não apenas enchê-lo até a borda. Ele irá além, e lhe dará tanto que o fará transbordar. Você queria só uma bolsa de estudos. "Tudo bem", diz Deus. "Vou lhe dar nove para ter certeza de que você está garantido." Você queria só recuperar seu dinheiro com a venda da casa. "Vou fazer com que ele venda pelo dobro", diz Deus. Você queria codornizes só para um ou dois dias. "Vou lhe dar bife para um mês inteiro", diz Deus. É assim que nosso Deus é. Por que você não entra em concordância e diz: "Deus, estou pronto. Sou um doador. Tenho uma mentalidade abundante. Senhor, quero agradecer-te pela boa medida, calcada, sacudida, transbordante na minha vida."

SAINDO DA CARÊNCIA PARA UMA TERRA BOA E ESPAÇOSA

O filho de um amigo meu tirou a carteira de motorista há algum tempo e desejava muito ter um carro. Seu pai lhe disse: "Vamos ter fé. Deus lhe dará um carro." O filho respondeu: "Pai, Deus não vai me dar um carro. Mas você pode comprar um carro para mim." Ele respondeu: "Não, vamos orar." Pediram a Deus para que, de alguma forma, Ele abrisse os caminhos para que o rapaz pudesse ter um carro. Alguns meses depois, o patrão desse homem o chamou e disse: "Nos últimos dois anos, houve um erro no seu contracheque. Estávamos lhe pagando a menos." Ele recebeu um cheque de US$500 a mais do que o valor do carro que desejava comprar.

As Escrituras dizem: "Existe algo que seja muito difícil para o Senhor?" Não há como dizer o que Deus fará se você se livrar do cabrito. Deus está prestes a calcar algumas coisas. Ele está prestes a abrir espaço para lhe mostrar a multiplicação Dele de uma nova forma.

Está escrito no livro do Êxodo: "Vou tirá-los da escassez e levá-los para uma terra boa e vasta." Não para uma terra pequena. Não para um lugar pequeno. Apertado. Lotado. Sem espaço suficiente. Receba isso em seu espírito. Deus está trazendo você para uma terra vasta. Uma terra de mais do que o bastante. Uma terra com muito espaço. Uma terra onde jorram as benesses, a multiplicação, as oportunidades, onde você não só tem o bastante para si mesmo, mas tem de sobra. Espaço de sobra. Suprimentos de sobra. Oportunidades de sobra. Se não estiver em um lugar bom e vasto, meu desafio é: não se acomode onde está. Não deixe essa mentalidade de cabrito criar raízes. Não pense que feijão com arroz é bom o suficiente. Esse não é o seu endereço permanente. É só temporário. Deus está levando você para uma terra boa e vasta.

"Bem, Joel", você diz, "você é um daqueles pastores da prosperidade?"

Não gosto desse termo. Ele indica alguém que fala apenas de finanças. Prosperidade para mim é ter saúde. É ter paz em sua mente. É poder dormir à noite. Ter bons relacionamentos. Há muitas coisas que o dinheiro não pode comprar. Embora não goste do termo *pastor da prosperidade*, devo dizer que não sou um pastor da pobreza. Não consigo encontrar um único verso nas Escrituras que sugira que devemos nos arrastar sem ter o suficiente, sem poder pagar pelo que queremos, vivendo de restos, na Terra da Escassez. Fomos criados para ser a cabeça, não a cauda. Jesus veio para que pudéssemos viver uma vida abundante. Nós representamos o Deus Todo-poderoso aqui nesta terra. Deveríamos ser exemplos de Sua bondade — tão abençoados, tão prósperos, tão generosos, tão cheios de alegria, que outras pessoas querem ter o que temos.

Se eu levasse meus dois filhos à sua casa e eles estivessem com roupas esfarrapadas e gastas, os sapatos esburacados, os cabelos desarrumados, você me olharia pensando: "Que tipo de pai é esse?" Sua impressão sobre mim seria péssima. Estar bonito, vestir-se bem, viver em um lugar agradável, se destacar na própria carreira e ser generoso com os outros são aspectos que trazem um sorriso ao rosto de Deus. O Senhor tem prazer em fazer você prosperar.

O PODER DE OBTER RIQUEZA

Meu pai foi criado durante a Grande Depressão. Ele cresceu extremamente pobre e desenvolveu uma mentalidade de pobreza. No seminário, aprendeu que era preciso ser pobre para mostrar a Deus que você era santo. A igreja em que era pastor certificou-se de que ele permanecesse santo, mantendo-o pobre. Ele ganhava um pouco mais de US$100 por semana, tentando criar seus filhos, mal sobrevivendo. Uma vez, ele e minha mãe hospedaram, por uma semana, um pastor convidado lá em casa. Em um domingo após o culto, um homem de negócios abordou meu pai e lhe entregou um cheque de US$1.000 — o que hoje deve equivaler a US$5.000. "Quero lhe dar isto pessoalmente para ajudar a cuidar das despesas do ministro convidado", disse ele. Meu pai pegou o cheque pela borda, como se estivesse contaminado. Respondeu: "Ah, não! Não posso aceitar. Devemos colocá-lo no ofertório da igreja." Meu pai caminhou em direção ao prato de ofertas, e a cada passo algo lhe dizia: "Não faça isso. Receba as bênçãos de Deus. Receba a graça de Deus." Ele ignorou e deixou o cheque no prato de ofertas. Depois, disse que, naquele momento, sentiu seu estômago revirar.

Há algo dentro de nós que diz que devemos ser abençoados. Devemos viver uma vida abundante, porque somos filhos do Rei. Nossa vida foi colocada em nós pelo Criador. Mas aqui está a chave: é preciso dar a Deus permissão para nos fazer prosperar. Não se pode andar por aí com mentalidade de escassez, pensando: *Vou ficar só com os restos, para mostrar a todos o quanto sou humilde. Afinal de contas, Deus não gostaria que eu tivesse muito. Isso seria ganancioso. Seria egoísta.* Livre-se desse falso senso de humildade. Isso vai lhe impedir de ter uma vida abundante.

Considere estas palavras de Deuteronômio 28, na tradução da Bíblia *A Mensagem*: "O Eterno derramará grande prosperidade sobre vocês [...] O Eterno abrirá as janelas do céu e derramará chuvas sobre a terra [...]. Vocês emprestarão a muitas nações, mas nunca precisarão tomar emprestado. O Eterno fará de vocês cabeças das nações, não cauda. Vocês sempre estarão por cima, nunca por baixo." Você precisa começar a se ver como aquele que está por cima, e não como alguém que vive de restos, que não é capaz de pagar pelo que deseja, na Terra da Escassez. Venha para a Terra do Mais que o Bastante. Tudo começa na sua mente. Permita que Deus lhe faça crescer. Permita que Ele lhe dê coisas boas.

Será que é errado querer morar bem ou dirigir um bom carro? Será errado querer recursos para realizar meus sonhos ou deixar uma herança para meus filhos?, pensamos. Deus está dizendo: "Não é errado. Tenho prazer em fazer você prosperar." Se fosse errado ter recursos, abundância e riqueza, por que Deus teria escolhido começar a nova aliança com Abraão? Abraão é chamado de "pai da nossa fé". As Escrituras dizem: "Abraão era extremamente rico em gado, em prata e em ouro." Ele foi o Bill Gates de sua época. Deus poderia ter escolhido qualquer um, mas escolheu Abraão — um homem extremamente abençoado.

Davi deixou bilhões de dólares para seu filho construir o templo, e ainda assim é chamado de "um homem segundo o coração de Deus". Livre-se desse pensamento de que *Deus não gostaria que eu tivesse muito. Não seria e nem pareceria certo.* A verdade é exatamente o contrário. Quando sua aparência é boa, você faz com que Deus pareça belo. Quando é abençoado, próspero e bem-sucedido, você o honra.

Compreendo que tudo o que tenho vem de Deus. O terno que estou usando, meu carro, minha casa ou meus recursos, tudo vem da bondade divina. Você não precisa pedir desculpas pelo que Deus fez em sua vida. Aproprie-se das bênçãos.

As Escrituras dizem: "É o Senhor que lhe dá poder para obter riqueza." Deus não lhe daria poder para fazer algo para logo depois condená-lo. Não há nada de errado em ter dinheiro. A chave é não deixar o dinheiro ter você. Não deixe que ele se torne o foco da sua vida. Não procure esse suprimento. Procure o Provedor. O dinheiro é simplesmente uma ferramenta para realizar o seu destino e para fazer o Reino de Deus avançar.

MIL VEZES MAIS

Victoria e eu temos grandes sonhos em nossos corações. Precisaremos de milhões de dólares para concretizar o que está dentro de nós. Nossos sonhos não envolvem só conseguir algo maior para nós mesmos, mas construir orfanatos e clínicas médicas. Não posso fazer isso com uma mentalidade limitada, carente, pensando: "Deus não quer que eu tenha muito." Compreendo que meu Pai é dono de tudo isso. Ele faz ruas de ouro. Não se leva o céu à falência por acreditar em uma vida abundante. Para Deus, não custa nada pegar um pedaço da calçada de ouro para nós. Quando você tiver essa mentalidade abundante e o desejo de fazer o Reino avançar, Deus o prodigalizará coisas boas. Ele abrirá as portas dos cofres do céu para que você não apenas realize seus sonhos, mas possa ajudar e ser uma bênção para o mundo.

Minha oração para você se encontra em Deuteronômio 1:11. Ela diz: "Que Yahweh, Deus dos vossos pais, vos multiplique mil vezes mais." Você pode recebê-la em seu espírito? Mil vezes mais graça. Mil vezes mais recursos. Mil vezes mais renda. Na maior parte do tempo, nossa mente entra em pane. E isso porque temos andado muito tempo com aquele cabrito. Está na hora de soltá-lo. É hora de ter uma mentalidade de novilho gordo. Deus está prestes a calcar algumas coisas. Ele está prestes a dar espaço para mais de sua multiplicação. A partir de agora, levante-se todas as manhãs e diga: "Senhor, quero agradecer-lhe por estares abrindo teus cofres do céu hoje, jorrando graça e prodigalizando-me com coisas boas. Eu sou próspero."

Se você tiver essa mentalidade abundante, acredito e declaro que não viverá na Terra do Suficiente ou na Terra da Escassez, mas virá para a Terra do Mais que o Bastante.

CAPÍTULO DOIS

VEJA-SE ALCANÇANDO NOVOS NÍVEIS

Um dos aspectos mais importantes de nos vermos como Deus nos vê envolve o desenvolvimento de uma mentalidade abundante e próspera. Como já explicamos, o modo como nos vemos nos torna mais fortes ou nos destrói.

Entenda: Deus já o equipou com tudo o que você precisa para viver uma vida próspera. Ele plantou em você "sementes" cheias de possibilidades, de potencial incrível, de ideias criativas e de sonhos. Mas não é porque essas coisas estão no seu interior que elas servirão para alguma coisa. Você precisa começar a explorá-las. Em outras palavras, você tem que acreditar, sem sombra de dúvida, que tem o que é preciso. Deve ter em mente que é um filho do Deus Altíssimo e que foi criado para grandes feitos. Deus não o fez para ser mediano. Deus o criou para se sobressair e lhe deu habilidade, discernimento, talento, sabedoria e poder sobrenatural para fazê-lo. Você tem tudo o que precisa neste momento para cumprir o destino que lhe foi dado por Deus.

A Bíblia diz que "Deus nos abençoou com todas as bênçãos espirituais". Note que essa descrição está no pretérito. Deus já o fez. Ele já depositou dentro de nós tudo de que precisamos para ter sucesso. Agora cabe a nós começar a agir em consonância com o que já temos.

Lembre-se: era isso que Abraão tinha que fazer. Vinte anos antes de Abraão ter um filho, Deus falou com ele, dizendo: "Abraão, fiz de você o pai de muitas nações."

Abraão poderia ter respondido: "Quem? Eu? Eu não sou pai. Não tenho filhos." Mas escolheu acreditar no que Deus disse a seu respeito. Sua atitude foi: *Deus, isso não parece possível em termos naturais, mas não vou duvidar da sua palavra. Não vou tentar entender racionalmente. Só vou concordar. Se você diz que Sara e eu podemos ter um bebê na nossa idade, por mais estranho que pareça, vou acreditar em você.*

Curiosamente, o tempo verbal da promessa de Deus a Abraão era o pretérito e, embora carregasse uma realidade presente, bem como uma realização futura, Deus já a considerava efetiva. "Fiz de você um pai de muitas nações." Obviamente, Deus planejava dar um filho a Abraão, mas, no que lhe dizia respeito, já estava tudo combinado. No entanto, Abraão tinha a responsabilidade de confiar em Deus e de acreditar Nele. E, de fato, cerca de vinte anos depois, Abraão e Sara tiveram um filho, a quem deram o nome de Isaque.

Da mesma forma, ao longo da Bíblia, Deus anunciou coisas incríveis a seu respeito. Mas essas bênçãos não acontecerão de forma automática. Você tem que fazer sua parte, acreditando que é abençoado, vendo-se como abençoado, agindo como alguém abençoado. Quando o fizer, a promessa se tornará uma realidade em sua vida.

Por exemplo, a Bíblia diz: "Nós somos mais do que vencedores." Ela não diz que seremos mais do que vencedores quando ficarmos mais fortes, envelhecermos ou alcançarmos algum nível espiritual elevado. As Escrituras dizem que somos mais do que vencedores *neste exato momento.*

"Bem, Joel, isso não deve ser verdade na minha vida", ouço-o dizer. "Tenho tantos problemas, tantas coisas contra mim. Talvez, quando eu sair desta confusão, consiga ser mais do que um vencedor."

Não. Deus declara que você é mais do que vencedor neste exato momento. Se começar a agir e a falar de acordo, vendo-se como mais do que vencedor, viverá uma vida abundante e vitoriosa. Você tem que compreender que o preço para ter alegria, paz e felicidade já foi pago. Faz parte do pacote que Deus colocou à sua disposição.

NÃO PERCA O MELHOR DE DEUS

Muitos anos atrás, quando o voo transatlântico ainda era raro, um homem queria viajar da Europa para os Estados Unidos. Ele trabalhou duro, economizou cada centavo extra que podia e finalmente conseguiu o suficiente para o bilhete do cruzeiro. Naquela época, o tempo de viagem para atravessar o oceano era de cerca de duas ou três semanas. Ele saiu e comprou uma mala, enchendo-a de biscoitos e queijo. Não tinha dinheiro para mais.

Uma vez a bordo, todos os outros passageiros encaminharam-se à sala de jantar grande e ornamentada para fazer suas refeições *gourmet*. Enquanto isso, o pobre homem ficava em um canto, comendo seu queijo com biscoito. E era assim todos os dias. Ele podia sentir o cheiro da comida deliciosa servida na sala de jantar. Ouvia os outros passageiros elogiando a comida, enquanto esfregavam a barriga e se diziam empanturrados, comentando que precisariam de uma dieta depois da viagem. O pobre viajante queria se juntar aos outros hóspedes na sala de jantar, mas não tinha dinheiro extra. Às vezes, ficava acordado à noite, sonhando com as refeições suntuosas descritas pelos hóspedes.

No final da viagem, um homem se aproximou dele e disse: "Senhor, não posso deixar de notar que você está sempre ali comendo queijo com biscoito na hora da refeição. Por que você não vem à sala de jantar e come conosco?"

O rosto do viajante ficou corado de vergonha. "Bem, para dizer a verdade, eu só tinha dinheiro suficiente para o bilhete. Não tenho dinheiro extra para comprar refeições chiques."

O outro passageiro arqueou as sobrancelhas, surpreso. Balançando a cabeça, disse: "Senhor, você não sabia que as refeições estão incluídas no preço do bilhete? Suas refeições já foram pagas!"

Quando ouvi essa história pela primeira vez, não pude deixar de pensar em quantas pessoas se parecem com aquele viajante ingênuo. Elas estão perdendo o melhor de Deus por não perceberem que as coisas boas da vida já foram pagas. Podem estar a caminho do céu, mas não sabem nem o que está incluso no preço do bilhete.

Sempre que andamos com essa mentalidade de verme, acabamos comendo mais queijo com biscoito. Cada vez que nos encolhemos e dizemos: "Não consigo; não tenho o que é preciso", acabamos comendo mais queijo com biscoito. Cada vez que andamos por aí cheios de medo, preocupação, ansiedade ou estamos nervosos com alguma coisa, acabamos comendo mais queijo com biscoito. Amigo, quanto a você, não sei, mas eu estou cansado desse queijo com biscoito! Chegou a hora de avançar para a mesa de jantar de Deus. O Senhor preparou para você um banquete fabuloso, rico em todas as iguarias que se possa imaginar. E já foi pago. Deus tem tudo o que você precisa — alegria, perdão, restauração, paz, cura. O que você precisa está lhe esperando na mesa de banquete de Deus — basta puxar a cadeira e tomar o lugar que Ele reservou para você.

Você pode ter passado por grandes decepções na vida ou enfrentado reveses sérios. Bem-vindo ao mundo real! Mas você precisa se lembrar de que é filho do Deus Altíssimo. O fato de algo não ter funcionado do seu jeito ou de alguém o ter desapontado não muda quem você é. Se o seu sonho morrer, sonhe outro. Se for nocauteado, levante-se e tente de novo. Quando uma porta se fecha, Deus sempre abre uma porta maior e melhor. Mantenha a cabeça erguida e fique atento à novidade que Deus quer trazer para sua vida. Não vá para o canto da vida comer queijo com biscoito.

Você pode ter tido um começo de vida difícil. Talvez tenha experimentado a pobreza extrema, o desespero, o abuso ou outras coisas negativas na infância. Talvez se sinta tentado a deixar que essas experiências negativas definam o seu rumo, mas não é porque sua vida começou dessa forma que ela terá que terminar do mesmo jeito. Você precisa ter uma visão renovada do que Deus pode fazer em sua vida e desenvolver uma mentalidade abundante.

Talvez você tenha vindo de um ambiente pobre, ou não tenha muitos bens materiais neste momento. Tudo bem. Deus reserva coisas boas para você lá na frente. Mas deixe-me adverti-lo: não permita que essa imagem de pobreza se enraíze dentro de você. Não se acostume a viver com menos, a fazer menos e a ser menos ao ponto de, um dia, relaxar e aceitar, pensando: "Sempre fomos pobres. É assim que tem que ser."

Não. Comece a olhar com os olhos da fé. Veja-se alcançando novos níveis. Veja-se prosperando, e guarde essa imagem na sua mente e no seu coração. Você pode até viver na pobreza no momento, mas não deixe nunca a pobreza viver em você.

A Bíblia diz: "Deus tem prazer em fazer seus filhos prosperarem." Quando os filhos de Deus prosperam espiritual, física e materialmente, esse crescimento o faz se regozijar. Passar pela vida com uma mentalidade de pobreza não é glorificador para Deus. Não honra seu grande nome. Deus não se apraz com o fato de passarmos pela vida derrotados, deprimidos, eternamente desencorajados por nossas circunstâncias. Não. Deus se alegra com o fato de desenvolvermos uma mentalidade abundante.

Muitas vezes ficamos satisfeitos e complacentes, aceitando o que quer que venha ao nosso encontro. "Fui o mais longe que pude. Nunca mais serei promovido. Essa é a minha sina."

Isso não é verdade! Sua "sina" é crescer de forma contínua. Sua "sina" é ser vencedor, ser próspero em todas as áreas. Pare de comer biscoito com queijo e entre na sala de jantar. Deus o criou para coisas incríveis.

Que tragédia seria passar pela vida sendo filho do Rei aos olhos de Deus, mas alguém pobre e humilde aos nossos próprios olhos. Foi exatamente o que aconteceu com Mefibosete, um jovem descrito pelo Antigo Testamento.

NÃO SE ACOMODE NA MEDIOCRIDADE

Mefibosete era neto do rei Saul e filho de Jônatas. Você deve se lembrar de que Jônatas, o filho de Saul, e Davi eram melhores amigos. Eles fizeram uma aliança verdadeira, semelhante à aliança antiga de "irmãos de sangue". Assim, o que quer que um tivesse, pertencia também ao outro. Se Jônatas precisasse de comida, roupas ou dinheiro, poderia ir até a casa de Davi pegar o que precisasse. Além disso, de acordo com a aliança, se algo acontecesse a um desses dois homens, o "irmão" seria obrigado a tomar conta da família do outro.

O rei Saul e seu filho Jônatas foram mortos em uma batalha no mesmo dia. Quando a notícia chegou ao palácio, uma serva agarrou Mefibosete, o filhinho de Jônatas, e saiu correndo. Ao deixar Jerusalém, na pressa, a serva tropeçou com a criança nos braços e caiu. Por conta da queda, Mefibosete ficou aleijado. A serva transportou o filho de Jônatas até Lodebar, uma das cidades mais pobres e desoladas de toda a região. Foi lá que Mefibosete, neto do rei, viveu quase toda a sua vida. Reflita sobre isso. Apesar de ser o neto do rei, ele vivia em condições terríveis.

Davi sucedeu Saul como rei e, anos mais tarde, quando a maioria mal se recordava de Saul e Jônatas, Davi perguntou aos seus servos: "Ainda há alguém da casa de Saul a quem eu possa demonstrar bondade em nome de Jônatas?" Lembre-se de que isso fazia parte da aliança de Jônatas e Davi: *Se algo acontecer comigo, você cuidará da minha família.* Mas, naquele momento, a maioria da família de Saul já estava morta, e por isso a pergunta.

Um dos servos de Davi respondeu: "Sim, Senhor. Jônatas tem um filho que ainda está vivo, aleijado dos pés. Ele vive em Lodebar."

Davi disse: "Vá buscá-lo e traga-o para o palácio."

Quando Mefibosete chegou, estava, sem dúvidas, assustado. Afinal, seu avô tinha perseguido Davi por todo o país, tentando matá-lo. Agora que a família de Saul havia sido dizimada e não era mais uma ameaça, Mefibosete talvez achasse que Davi também planejava executá-lo.

Mas Davi disse a ele: "Não tenha medo. Vou ser bom para você por causa de seu pai, Jônatas. Vou lhe devolver todas as terras que um dia pertenceram a seu avô Saul. E, a partir deste dia, você comerá à minha mesa como se fosse um dos meus filhos." Davi tratou Mefibosete como realeza. Afinal de contas, ele era o neto do rei, e Davi tinha uma aliança com o pai dele.

A vida de Mefibosete foi transformada de modo instantâneo — essa é a boa notícia. Mas pense em todos os anos durante os quais ele viveu na cidade suja de Lodebar. O tempo todo ele sabia que era realeza; além disso, a aliança entre Davi e Jônatas era de conhecimento geral; com base apenas nisso, Mefibosete sabia que tinha direitos. Por que ele não entrou no palácio e disse: "Rei Davi, sou o filho de Jônatas. Estou vivendo na pobreza em Lodebar e sei que fui feito para mais do que isso. Estou aqui para reivindicar o que me pertence pela sua aliança com o meu pai."

Por que Mefibosete se contentou com a mediocridade? Sua resposta inicial a Davi nos dá uma pista. Quando Davi disse que iria cuidar dele, "Mefibosete lhe fez reverência e declarou: 'Ó senhor, quem é este teu servo, para dares tua preciosa atenção? Valho tanto quanto um cachorro morto'". Reparou na autoimagem dele? Ele se via como um derrotado, um perdedor, um cachorro morto. Ele se via como um excluído. Sim, ele era o neto do rei, mas sua autoimagem o impedia de receber os privilégios que lhe eram de direito.

Quantas vezes fazemos o mesmo? Nossa autoimagem é tão contrária à maneira como Deus nos vê, que perdemos o melhor de Deus. O Senhor nos vê como campeões. Nós nos vemos como cachorros mortos.

Mas, assim como Mefibosete precisou abandonar essa "mentalidade de cachorro morto", substituindo-a por uma mentalidade abundante, você e eu devemos fazer o mesmo. Você pode ter cometido alguns erros na vida, mas, caso tenha se arrependido com honestidade e tenha dado o seu melhor para fazer o bem desde então, não precisa mais viver com culpa e vergonha. Talvez você não seja tudo o que quer ser. Você pode ser aleijado física, espiritual ou emocionalmente. Isso não muda a sua aliança com Deus. Você ainda é um filho do Deus Altíssimo. Ele ainda tem coisas incríveis reservadas a você. Você precisa ser ousado e reivindicar o que lhe pertence. Deus não se apraz ao lhe ver vivendo em sua própria "Lodebar" pessoal, na pobreza, com baixa autoestima, com essa mentalidade de cachorro morto.

Como você se sentiria se seus filhos tivessem esse tipo de atitude em relação a você? Imagine que está na hora do jantar e você tenha se esforçado para preparar uma deliciosa refeição. A comida está servida; você está pronto para comer, mas um de seus filhos entra de cabeça baixa e se recusa a sentar-se à mesa com a família. Ele se rasteja no chão, esperando que alguns restos ou migalhas caiam. Você diria: "Filho, filha, o que você está fazendo? Venha até aqui e tome seu lugar. Eu preparei tudo isso para você. Você faz parte da família. Você me insulta quando age como um cachorro, implorando por migalhas."

Deus está dizendo algo semelhante: "Você faz parte da família. Largue o biscoito e o queijo. Levante-se e receba o que lhe pertence por direito." Há muitos anos, tínhamos duas grandes cadeiras La-Z-Boy em nosso quarto em casa. As cadeiras eram deliciosamente confortáveis e, às vezes, quando eu queria assistir a um jogo, ler ou apenas ficar sozinho pensando ou orando, ia para o quarto, fechava a porta e me afundava em uma dessas cadeiras. Era um ótimo lugar para simplesmente relaxar.

Um dia cheguei em casa e não consegui encontrar nosso filho, Jonathan, em lugar algum. Fiquei preocupado; ele tinha uns 4 anos na época. Procurei em todos os lugares de sempre — ele não estava no quarto, nem na sala de jogos, nem na cozinha. Fui lá fora e procurei na garagem, mas não consegui encontrá-lo. Por fim, fui para o meu quarto e percebi que a porta estava fechada. Quando a abri, lá estava o pequeno Jonathan na minha cadeira favorita. Suas pernas estavam para o alto, enquanto ele se recostava, refestelado. Em uma das mãos segurava uma tigela de pipoca; na outra, o controle remoto da televisão. Olhei para ele e sorri, aliviado por tê-lo encontrado.

Jonathan me olhou e disse: "Papai, que vida boa."

Segurei o riso, mas a observação de Jonathan fez com que eu me sentisse bem como pai. Fiquei feliz por ele se sentir confiante o suficiente para ir direto para o meu quarto e se sentar na minha cadeira favorita. Fiquei feliz por ele saber que fazia parte da família e que tudo o que eu tinha era dele.

Você quer deixar seu Pai celestial feliz? Então comece a avançar para a mesa de jantar. Comece a desfrutar das bênçãos. Largue o queijo e os biscoitos e venha para a sala de jantar. Você não precisa mais viver em culpa e condenação; não precisa mais passar pela vida preocupado e cheio de medo. O preço já foi pago. Sua liberdade está incluída no seu bilhete, se você se levantar e tomar seu lugar. Suba na sua "cadeira do papai" e desenvolva uma mentalidade abundante, vendo-se como a realeza de Deus.

CAPÍTULO TRÊS

ELEVE SUAS EXPECTATIVAS

Nossas expectativas estabelecem os limites de nossas vidas. Se você esperar pouco, receberá pouco. Se prevê que as coisas não vão melhorar, elas não vão melhorar. Mas, se espera mais graça, mais benesses, uma promoção e um aumento, então verá novos níveis de favorecimento e abundância em sua vida.

Todas as manhãs, ao acordar, diga: "Algo de bom acontecerá comigo hoje." Você deve definir o tom no início do dia e manter essa atitude de expectativa o dia todo.

Como uma criancinha ansiosa para abrir um presente, você deve estar alerta, pensando: *Mal posso esperar para ver o que vai acontecer* — mas esperando de forma ativa, e não passiva.

Muitas pessoas se arrastam, repetindo: *Nada de bom acontece comigo.* Em vez disso, comece a procurar por benesses. Procure estar no lugar certo na hora certa. Deseje com força a realização dos seus sonhos. Deseje com força ser um vencedor.

Não entre em uma sala antecipando que as pessoas não gostarão de você. Não vá até a loja acreditando que não encontrará o que precisa. Não faça uma entrevista de emprego achando que não vai consegui-lo. Sua expectativa é sua fé em ação. Quando espera ter boa sorte, que as pessoas gostem de você ou que o ano seja ótimo, está colocando sua fé em ação. É ela que permite que as coisas boas aconteçam.

Mas suas expectativas funcionam em ambas as direções. Se você se levantar de manhã e prever que o dia será péssimo, sem pausas e com pessoas hostis, atrairá isso. Sua fé está funcionando. O problema é que você está usando-a na direção errada.

ELEVE SUAS EXPECTATIVAS

Um jovem me disse que estava preocupado com suas provas finais. Ele havia estudado e se preparado, mas estava muito apreensivo, pois, a cada teste importante, ficava nervoso e não conseguia se lembrar do que tinha estudado. Seu desempenho era sempre abaixo do desejável.

"Joel, ore por mim, pois sei que isso acontecerá de novo", disse ele.

Ele já estava esperando falhar. Compartilhei com ele esse princípio de que falo e lhe disse que ele estava antecipando as coisas erradas. "Você tem que mudar suas expectativas. Durante o dia, repita para si mesmo: 'Vou me sair muito bem no teste. Vou me lembrar de tudo o que estudei. Vou ficar calmo e em paz'."

Ele voltou algumas semanas depois e disse que nunca tinha ido tão bem nas provas.

Agora me diga: o que você profetiza? Coisas grandes, pequenas ou nada? É fácil profetizar o pior. Mas, se agarrar-se à fé e esperar o melhor — se superar, realizar seus sonhos —, receberá bênçãos e graças.

Algumas pessoas têm uma mentalidade negativa há tanto tempo que nem a percebem. Para elas, é algo natural. Elas presumem o pior, e o pior com frequência acontece. Preveem que as pessoas serão hostis, e elas muitas vezes o são.

Conheço uma senhora que passou por muitas coisas negativas na vida, e era como se vivesse no piloto automático. Ela esperava que as pessoas a magoassem e, no geral, elas o faziam. Esperava que as pessoas fossem desonestas e, no geral, elas eram. Profetizava que seria demitida de seu trabalho e, de fato, foi.

Suas expectativas atraíam toda a negatividade. Um dia, ela aprendeu esse princípio e começou a profetizar coisas diferentes. Profetizou o melhor ao invés de prever o pior. Profetizou dádivas. Profetizou que as pessoas gostassem dela. Hoje, tudo mudou. Ela vive uma vida de abundância.

Você pode ter vivido decepções e situações injustas, mas não cometa o erro de viver em um estado de espírito negativo. Em vez de esperar mais do mesmo, comece a profetizar uma volta por cima. Não pense que você mal vai sobreviver; acredite que vai se superar. Não espere ser vencido. Espere ser o vencedor.

Talvez nem sempre lhe apeteça, mas, quando você se levanta a cada dia, precisa lembrar que é mais do que um vencedor. Suas maiores vitórias ainda estão adiante. As pessoas certas, as oportunidades certas e os lances certeiros de sorte já estão em seu futuro.

Agora saia e deixe-se entusiasmar com o dia, antecipando que as coisas mudarão a seu favor. Sua atitude deve ser: *Estou profetizando que terei boa sorte, conhecerei as pessoas certas, terei crescimento nos negócios, colocarei meu filho no bom caminho e melhorarei minha saúde. Estou profetizando que estarei no lugar certo no momento certo.*

NÃO DEIXE QUE EXPECTATIVAS NEGATIVAS LIMITEM SUA VIDA

Um jovem me disse: "Prefiro não ter grandes expectativas. Assim, se nada de bom acontecer, não vou para a cama desapontado."

Isso não é maneira de viver. Se você não está esperando aumento, promoção ou lances de sorte, também não está fazendo uso da sua fé. A fé é o que leva Deus a agir. Se você profetiza uma chance que não acontece, não vá dormir chateado. Vá se deitar sabendo que está um dia mais perto de ver isso acontecer. Levante-se na manhã seguinte e recomece.

Os vencedores desenvolvem essa qualidade inegável de profetizar coisas boas. Você não pode ser neutro e esperar alcançar seu potencial máximo ou ter o melhor de Deus. Não basta não prever nada de ruim; você tem que ansiar arduamente por coisas boas. Você profetiza a realização dos seus sonhos? Profetiza que este ano seja melhor do que o ano passado? Você profetiza uma vida longa, saudável e abundante? Preste atenção no que está profetizando. Talvez você tenha o desejo de se casar. Não ande por aí pensando: *Nunca conhecerei ninguém. Já passou muito tempo, estou ficando velho demais.* Ao invés disso, profetize que estará no lugar certo, na hora certa para que tudo aconteça.

Acredite que as conexões divinas se encontrarão em seu caminho. Acredite que a pessoa certa será atraída por você.

"E se eu fizer isso e nada acontecer?" E se você fizer isso e algo acontecer?

Posso lhe dizer que nada vai acontecer se você não acreditar.

Disse Davi nos Salmos: "A felicidade e a misericórdia certamente me acompanharão todos os dias da minha vida." No passado, você pode ter tido decepções e contratempos, mas é preciso libertar-se do que não funcionou. Deixe os erros e fracassos para trás.

Para onde você for, espere que a bondade e a misericórdia o acompanhem. É bom olhar para trás às vezes e dizer: "Olá, bondade. Olá, misericórdia. Como estão as coisas por aí?"

Algumas pessoas não percebem que estão sempre procurando o próximo desastre, o próximo fracasso ou a próxima maré de azar. Mude o que você procura. Comece a procurar bondade, misericórdia, graça, crescimento e promoção. É isso que deveria acompanhá-lo.

A esperança pode ser definida como a "feliz expectativa de algo bom". Ansiar por algo bom vai lhe trazer alegria. Vai lhe trazer entusiasmo. Se ansiar pela realização dos seus sonhos, sairá cada dia de bem com a vida. Mas, se não estiver profetizando nada de bom, se arrastará pela vida sem paixão.

Não digo isso com arrogância, mas profetizo que as pessoas gostarão de mim. Talvez eu seja ingênuo e, se for o caso, faça-me um favor e deixe-me na minha ignorância. Quando vou a algum lugar, não ergo um muro à minha volta. Não sou defensivo, inseguro, acanhado, nem fico pensando: *Eles não vão gostar de mim. Provavelmente estão falando de mim neste momento.*

Profetizo que as pessoas serão amigáveis. Acredito que, quando ligam a TV no meu programa, as pessoas não conseguem desligá-la. Projeto que, quando virem meu livro nas lojas, se sentirão atraídas por ele.

Eleve Suas Expectativas

Estou falando de ter uma atitude de esperar coisas boas. Você precisa botar para fora o seu eu profético. Talvez você não o tenha usado por seis anos. Você precisa começar a profetizar coisas maravilhosas.

Há novas montanhas a escalar e novos horizontes a explorar. Profetize subir mais alto. Profetize que vai superar cada obstáculo. Profetize que as portas vão se abrir. Profetize a graça divina no trabalho, em casa, na mercearia e em seus relacionamentos.

LEMBRE-SE DO QUE É BOM

Se já viveu mágoas, decepções e fracassos, precisa proteger sua mente. Tenha cuidado com o que você permite que entre nos seus pensamentos ao longo do dia. Sua memória é muito poderosa.

Ao dirigir o seu carro, você pode se lembrar de um momento de ternura com seu filho. Talvez tenha ocorrido há cinco anos: um abraço, um beijo ou algo engraçado que as crianças fizeram. Ao se lembrar daquele momento, surge um sorriso em seu rosto. Você sentirá as mesmas emoções, o mesmo afeto e a mesma alegria, como se estivesse revivendo aquele momento.

Ou então você pode estar aproveitando o dia; está tudo bem, mas logo começa a se lembrar de algum evento triste, de quando não foi bem tratado ou quando algo injusto lhe aconteceu. Em pouco tempo você fica triste, desanimado e apático.

O que o deixou triste? A lembrança errada. O que o deixou feliz? As memórias certas. Pesquisas perceberam que sua mente naturalmente gravitará em direção ao negativo. Um estudo descobriu que as lembranças positivas e negativas são tratadas por diferentes partes do cérebro. Uma memória negativa ocupa mais espaço porque há mais a processar. Como resultado, você se lembra melhor dos eventos negativos do que dos positivos.

Segundo o estudo, é mais fácil uma pessoa se lembrar de que perdeu U$50 dólares do que de ter ganhado a mesma quantia. O efeito negativo tem um impacto maior do que o positivo.

Eu mesmo já vivenciei isso. Posso sair do púlpito depois de falar e ouvir uma centena de pessoas dizerem: "Joel, hoje foi incrível. Eu realmente aprendi algo importante." Mas é mais provável que eu me lembre apenas de uma pessoa que diga: "Não entendi. Isso não me ajudou em nada."

Antigamente, eu só pensava no comentário negativo. Eu o repetia vezes sem conta na minha mente. A natureza humana é assim mesmo. É assim que as memórias negativas são armazenadas em nosso cérebro. As más recordações ocupam mais espaço do que as boas.

SINTONIZAR AS BOAS LEMBRANÇAS

Ciente disso, você precisa ser proativo. Quando as memórias negativas voltam à tela de cinema da mente, muitas pessoas se sentam em uma poltrona, pegam algumas pipocas e assistem a tudo de novo. "Não acredito que eles me machucaram, isso foi tão injusto", dizem.

Em vez disso, lembre-se: esse não é o único filme em cartaz. Há outro canal que não está reproduzindo suas derrotas, seus fracassos ou suas decepções. Esse canal apresenta suas vitórias, suas conquistas e seus acertos.

O canal de boas lembranças reproduz os tempos em que você foi promovido, conheceu a pessoa certa, comprou uma casa ótima e seus filhos eram saudáveis e felizes.

Em vez de permanecer no canal negativo, mude para o canal da vitória. Você não avançará para dias melhores se estiver sempre reproduzindo as coisas negativas que aconteceram.

Todos nós já passamos por perdas, decepções e maus momentos. Portanto, essas lembranças virão à mente com mais frequência. A boa notícia é que você tem o controle remoto. Só porque a memória vem à tona não significa ter que se debruçar sobre ela. Aprenda a mudar o canal.

Alguns anos após a morte do meu pai, passei pela casa da minha mãe para pegar algo. Não havia ninguém em casa. Ao entrar na sala, me lembrei imediatamente da noite em que meu pai morreu. Ele teve um ataque cardíaco naquela mesma sala. Eu podia vê-lo deitado no chão.

Quando cheguei lá, no dia em que ele morreu, os paramédicos usavam o desfibrilador, tentando fazer o coração voltar a bater. Aquela noite inteira me passou pela cabeça, e eu pude sentir as mesmas emoções.

Então, fiz o que lhe peço para fazer. Eu disse: "Não, obrigado. Não vou para esse lugar. Não vou reviver aquela noite. Não vou sentir as mesmas emoções tristes e deprimentes."

Escolhi mudar de canal. Comecei a me lembrar de todos os grandes momentos que passamos juntos: aqueles em que rimos, nos divertimos e viajamos pelo mundo. Eu me concentrei na época em que descemos o Rio Amazonas e nas vezes em que meu pai brincava com meu filho, Jonathan.

Havia outro canal. Eu só tinha que sintonizar nele. Você precisa começar a mudar o canal? Você está revivendo todas as mágoas, decepções e marés de azar? Enquanto estiver revivendo o negativo, nunca vai se curar totalmente. É como uma sarna que começa a melhorar, mas que, se você coçar, só piora.

O mesmo ocorre com as feridas emocionais. Se você está sempre revivendo suas feridas e as vê na tela de cinema de sua mente — e fala sobre elas, contando a seus amigos —, está reabrindo a ferida.

Você precisa mudar o canal. Ao olhar para trás em sua vida, consegue encontrar algo de bom que lhe tenha ocorrido? Consegue se lembrar de alguma vez em que sentiu a mão de Deus promovendo-o, protegendo-o e curando-o? Sintonize nesse canal. Mude a direção da sua mente.

Há pouco tempo, um repórter me perguntou qual foi meu maior fracasso, meu maior arrependimento. Não quero parecer arrogante, mas não me lembro do meu maior fracasso. Não me detenho a isso. Não estou assistindo a esse canal.

Todos nós cometemos erros. Todos nós fazemos coisas que gostaríamos de ter feito de maneira diferente. Você pode aprender com seus erros, mas não deve mantê-los o tempo todo na sua mente. Você deve se lembrar dos seus acertos: as ocasiões em que foi bem-sucedido; em que superou a tentação; em que foi gentil com estranhos.

Algumas pessoas não conseguem ser felizes justamente porque se lembram de todos os erros que cometeram desde 1927. Além disso, a todo tempo elas alimentam a "lista dos erros", para que eles sejam sempre lembrados. Faça um grande favor a si mesmo e mude o canal. Pare de se deter em como você não está à altura e em como deveria ter sido mais disciplinado, ter ficado na escola ou ter passado mais tempo com seus filhos.

Você pode ter caído, mas concentre-se no fato de que voltou a se levantar e está aqui hoje. Você pode ter feito uma escolha ruim, mas concentre-se nas suas boas escolhas. Pode ter algumas fraquezas, mas lembre-se de seus pontos fortes. Pare de se concentrar no que está errado com você e se concentre no que está certo. Você nunca se tornará tudo o que foi criado para ser se lutar contra si mesmo. Você precisa reeducar sua mente. Seja disciplinado em relação àquilo no que sua mente se detém.

Muitos anos atrás, eu costumava jogar basquete com Jonathan, meu filho. Jogamos um contra o outro durante anos. Um dia, ele me venceu pela primeira vez, de 15 a 14. "Toca aqui!", disse a ele, e em seguida o coloquei de castigo!

Durante o jogo, à certa altura, Jonathan me driblou e subiu para o arremesso. Eu saí do nada, cronometrei bem o tempo e bloqueei seu arremesso.

Afastei a bola, que seguiu voando para dentro dos arbustos.

Eu me senti como uma estrela da NBA. Alguns dias depois, fomos para o ginásio jogar com alguns amigos.

Jonathan disse: "Pai, conte a todos o que aconteceu naquela noite."

Eu disse: "Ah, sim! Jonathan subiu para arremessar; eu, lá no alto, bloqueei a bola."

Ele disse: "Não, papai. Conte para eles como eu ganhei de você pela primeira vez!"

O engraçado é que eu não me lembrei da minha derrota; lembrei-me da minha vitória. A primeira coisa que me veio à mente não foi ter perdido o jogo para ele, mas o fato de ter feito algo bem. Isso aconteceu porque treinei minha mente para se lembrar das coisas certas.

Com muitas pessoas, acontece exatamente o oposto. Elas ganham o jogo, mas se lembram de todos os erros que cometeram. Nunca se sentem bem com elas mesmas. Estão sempre concentradas em algo que não fizeram bem o suficiente.

Tudo depende da forma como você treina sua mente. Depende do canal ao qual está assistindo. Não cometa o erro de se lembrar do que você deve esquecer, sejam mágoas, sejam decepções, sejam fracassos. Não se esqueça do que deve lembrar — suas vitórias, seus sucessos e os tempos difíceis que superou.

COLECIONE OS PONTOS POSITIVOS DO SEU PASSADO

No Antigo Testamento, Deus ordenou a seu povo que celebrasse algumas datas e eventos, principalmente para que se lembrassem dos seus feitos. Eles paravam as atividades várias vezes ao ano para que todos pudessem partir. Celebravam como Deus os tirou da escravidão, derrotou seus inimigos e os protegeu. Eles eram obrigados a lembrar.

Em outra passagem, as Escrituras descrevem como eles colocavam no chão o que chamavam de "pedras memoriais". Eram pedras grandes, que hoje chamaríamos de "marcos históricos". As pedras serviam para recordar vitórias específicas. A cada vez que passavam por certas pedras, eles se lembravam de um acontecimento. "Esta pedra nos lembra do nosso resgate da escravidão. Esta pedra nos lembra da cura do nosso filho. Esta pedra nos lembra de como Deus proveu as nossas necessidades." As pedras memoriais os ajudaram a manter vivos na memória os feitos de Deus.

Da mesma forma, você deve ter suas próprias pedras memoriais. Quando olhar para trás, não deve se lembrar de quando falhou, de quando passou por um divórcio, de quando seu negócio faliu, nem mesmo de quando perdeu aquele ente querido ou o patrão o injustiçou. Isso é lembrar o que você deve esquecer.

Você precisa sintonizar no outro canal. Lembre-se de quando encontrou o amor da sua vida, de quando seu filho nasceu, de quando conseguiu aquela nova posição, de quando o problema de repente se resolveu, da paz que sentiu ao se despedir de um ente querido.

Lembre-se da força que encontrou naquele momento difícil. Tudo era escuro. Você pensou que o dia nunca mais nasceria feliz, mas Deus virou tudo do avesso e lhe deu alegria no luto, beleza nas cinzas, e hoje você está feliz, saudável, forte. Todos nós deveríamos ter nossas próprias pedras memoriais.

Minha mãe comemorou recentemente o 37º aniversário de sua vitória sobre o câncer. Há 37 anos, os médicos lhe deram algumas semanas de vida, mas ela ainda está saudável e inteira. Essa é uma pedra memorial.

Outra pedra memorial para mim é o dia 1º de dezembro de 2003, quando o prefeito Lee Brown nos entregou a chave do prédio da nossa nova igreja, em Houston. Aquela instalação é uma pedra memorial. Também me lembro de quando entrei em uma joalheria e encontrei Victoria pela primeira vez. Deus respondeu à oração dela. Quer dizer, a minha!

Coloquei outra pedra memorial para recordar o fato de que, quando meu pai morreu, eu não sabia ministrar cultos. Mesmo assim, com a graça de Deus, pude seguir em frente, pastoreando a igreja.

É disso que me lembro constantemente — das coisas boas. Agora lhe pergunto: você tem alguma pedra memorial? Suas lembranças terão um grande impacto no tipo de vida que você vai viver. Se está recordando fracassos, decepções e mágoas, ficará preso nesse ciclo.

Se mudar aquilo de que se recorda — e começar a lembrar-se de seus sucessos, de suas vitórias e dos momentos em que se superou —, avançará para novos níveis da graça. Talvez você esteja vivendo tempos difíceis, enfrentando desafios, mas, quando se lembrar das coisas certas, não dirá mais: "Esse problema é muito grande. Essa doença será o meu fim." Em vez disso, dirá: "Deus, você já fez isso por mim uma vez, e eu sei que pode fazê-lo novamente."

Foi o que Davi fez quando estava prestes a enfrentar Golias, um gigante duas vezes maior que ele. Davi poderia ter se concentrado em como Golias era grande e mais experiente, com mais treinamento e mais armas. E só isso já o teria desencorajado.

As Escrituras dizem: "Davi lembrou-se de que havia matado um leão e um urso com suas próprias mãos." O que ele estava fazendo? Lembrando-se de suas vitórias. Davi poderia ter se lembrado de que seus irmãos o maltrataram e seu pai o desrespeitou. Havia coisas negativas em seu passado, assim como no de todos nós. Mas Davi compreendeu este princípio: deter-se em derrotas, fracassos e situações injustas o manterá em uma prisão.

Ele escolheu se deter em suas vitórias, elevou-se acima desse desafio e se tornou quem Deus o criou para ser. Talvez você sinta que está enfrentando um gigante. Para manter a coragem e conquistar a fé para superar, precisa fazer como Davi.

Em vez de se deter em como a vitória é impossível e em como você nunca conseguirá, passe o dia lembrando-se de suas vitórias. Mostre suas pedras memoriais. "Senhor, obrigado por aquela vez em que todas as probabilidades estavam contra mim, mas o Senhor reverteu a situação. Deus, eu me lembro de quando você me promoveu, me restituiu, corrigiu meus erros."

Ensaie suas vitórias. Lembrar-se das coisas boas o fortalecerá.

RELEMBRE A VONTADE

Em 2007, Rachel Smith ganhou o concurso Miss EUA. Ela era uma jovem muito inteligente que viajou pelo mundo ajudando crianças carentes. Ainda naquele ano, competiu no Miss Universo. Enquanto caminhava para o palco, durante a competição de vestidos de gala, perdeu o passo no chão escorregadio e caiu de costas. Milhões de pessoas ao redor do mundo assistiam ao concurso na televisão. Muito envergonhada, ela se levantou o mais rápido que pôde e manteve um sorriso no rosto. O público não foi muito indulgente. Houve muitas vaias e risos. Foi bastante humilhante.

Apesar da queda, Rachel chegou aos cinco primeiros lugares. Ela teve que avançar e responder a uma pergunta tirada aleatoriamente de um chapéu. Caminhou até o mesmo lugar onde havia caído alguns minutos antes e tirou uma pergunta do chapéu, enquanto milhões de pessoas a observavam. A pergunta era: "Se você pudesse reviver e refazer qualquer momento de sua vida, que momento escolheria?" Vinte minutos antes, ela tinha experimentado o momento mais constrangedor da sua vida. Quantos de nós teríamos dito: "Gostaria de reviver o momento em que caí neste palco. Gostaria de tentar novamente"?

Mas ela, sem hesitar, disse: "Se eu pudesse reviver qualquer coisa, reviveria minha viagem à África trabalhando com os órfãos, vendo seus sorrisos lindos, sentindo seus abraços amorosos."

Em vez de reviver um momento embaraçoso, um momento de dor, Rachel escolheu repetir um momento de alegria, no qual estava fazendo a diferença, no qual sentia orgulho de si mesma. Todos nós caímos em nossas vidas. Todos cometemos erros. Todos vivemos momentos constrangedores, injustos.

Pode ter certeza de que essas imagens se repetirão várias vezes na tela de cinema da sua mente. Você tem que fazer como Rachel Smith: mude o canal e sintonize suas vitórias, seus sucessos, suas conquistas.

Deus realizou milagre após milagre para o Seu povo. Ele o tirou da escravidão de forma sobrenatural. Enviou pragas para seus inimigos — e essas pragas não afetaram os israelitas, que viviam ali ao lado. Quando, com a perseguição do Faraó e seu exército, os israelitas chegaram a um beco sem saída no Mar Vermelho, parecia que suas vidas tinham acabado. Mas o mar se abriu.

Eles atravessaram o mar em terra firme. Deus lhes deu água de uma rocha e os guiou pelo caminho com uma coluna de nuvem, de dia, e uma coluna de fogo, à noite. Mas mesmo assim eles nunca chegaram à Terra Prometida. O Salmo 78 explica o porquê. Diz: "Não guardando a aliança de Deus, recusaram seguir a sua Lei. Esqueceram-se dos seus atos e dos prodígios que lhes mostrara."

Esquecer-se daquilo que você deveria guardar na memória pode afastá-lo da sua Terra Prometida. Os israelitas se desanimaram, começaram a reclamar e perguntaram a Moisés: "Por que você nos trouxe aqui para morrer no deserto?"

Quando enfrentaram um inimigo, pensaram: "Não temos chance." Eles já haviam testemunhado a bondade de Deus de formas surpreendentes. Tinham testemunhado como Deus realiza o impossível, mas, como se esqueceram disso, ficaram com medo, preocupados e negativos. Isso os afastou do seu destino.

DEUS PODE FAZÊ-LO NOVAMENTE

Você anda se esquecendo do que Deus tem feito por você? O que antes era um milagre já se tornou comum? Você nem se entusiasma mais. Nem agradece a Deus por isso. Olhe para trás e lembre-se de que Deus o trouxe para onde você está por meio de pequenos e grandes feitos. Você entenderá que, se Deus fez isso por você uma vez, pode fazer novamente.

Talvez você desanime e pense: *Não vejo como sair desse problema.* Ou: *Nunca sairei do vermelho.* Ou: *Nunca ficarei bem.* Mas, quando isso acontecer, volte e lembre-se de que Deus abriu o Mar Vermelho para você. Lembre-se dos inimigos de quem Ele o libertou. Lembre-se das batalhas que Ele travou e da restauração, da restituição e da graça que mostrou.

Cada um de nós pode olhar para trás e perceber a mão de Deus agindo em nossas vidas. Deus abriu portas que nunca se abririam para você, assim como fez com os israelitas. Ele o ajudou a realizar aquilo que você nunca poderia ter realizado por conta própria. Ele o livrou de dificuldades às quais você nunca imaginaria sobreviver. Ele o protegeu, promoveu. Deu-lhe oportunidades.

Para permanecer encorajado e ver Deus abrir novas portas e reverter situações negativas, a chave é nunca esquecer o que Ele fez. Na verdade, as

Escrituras dizem: "Devemos contar aos nossos filhos e aos nossos netos." Deveríamos transmitir histórias da bondade de Deus.

No Antigo Testamento, há vários trechos mencionando os cajados que as pessoas carregavam. Não eram apenas muletas ou algo para afastar animais selvagens. Tinham um significado maior.

Naqueles tempos, o povo era nômade. Estava sempre em movimento. Não havia registros com papéis e arquivos de computador como os de hoje. Em vez disso, eles entalhavam registros de eventos e datas importantes nesses cajados.

Era assim que mantinham seus registros pessoais. Entalhavam anotações do gênero: "Nesta data, derrotamos os Amalequitas. Nesta outra, meu filho nasceu. Nesta data, Deus nos tirou da escravidão. Nesta outra, Deus nos deu água da rocha."

Esses cajados forneceram um registro da história deles com Deus. Quando Moisés separou o Mar Vermelho, o que ele fez? Ergueu seu cajado, dizendo: "Deus, nós lhe agradecemos por tudo o que fizeste no passado. Lembramos que nos agraciaste várias vezes."

Moisés estava se recordando dos grandes feitos divinos. Quando Davi saiu para enfrentar Golias, não levou só a funda. As Escrituras dizem que ele levou o cajado. Naquele cajado, sem dúvida, ele havia entalhado: "Nesta data, matei um leão com minhas próprias mãos. Nesta data, matei um urso. Nesta data, Samuel me ungiu como rei."

Davi levou seu cajado para lembrar que Deus o havia ajudado no passado. Posso imaginar que, pouco antes de sair para lutar, examinou todas as marcas do cajado mais uma vez. Foi isso que lhe deu o impulso final. Sua atitude foi: Deus, você me ajudou naquela época, e sei que pode fazê-lo novamente.

Você está enfrentando gigantes hoje? O seu problema parece muito grande? Seus sonhos parecem impossíveis? Você precisa examinar o seu cajado. Em vez de andar por aí desanimado, pensando que nada nunca vai dar certo, comece a focar suas vitórias. Comece a pensar em como você matou o leão e o urso em sua vida. Comece a lembrar até onde Deus o trouxe.

Rememore todas as vezes em que ele abriu portas, lhe deu promoções, curou seus familiares e o colocou nos lugares certos com as pessoas certas. Não se esqueça das vitórias. Volte regularmente para suas pedras memoriais e leia as vitórias talhadas no seu cajado.

Essas memórias negativas assombram a todos nós — coisas que não deram certo, mágoas, fracassos e decepções. Muitas pessoas permanecem erroneamente nesse canal e acabam presas em um ciclo negativo, sem conseguir profetizar nada de bom. Lembre-se: esse não é o único canal — pegue seu controle remoto e sintonize no canal da abundância.

Profetize avanços. Profetize que solucionará os problemas. Profetize que está alcançando novos níveis. Você ainda não viu suas maiores vitórias. Você ainda não realizou seus maiores sonhos. Há novas montanhas a escalar, novos horizontes a explorar.

Não deixe que as decepções passadas roubem sua paixão. Não deixe que a maneira como alguém o tratou amargue sua vida. Deus ainda está no controle. Talvez não tenha acontecido no passado, mas pode acontecer no futuro.

Desenhe uma linha na areia e diga: "Chega. Estou farto de expectativas baixas. Não me conformo mais com a mediocridade. Eu espero graça, crescimento e promoção. Espero que as bênçãos me alcancem. Espero que este seja o meu melhor ano até agora."

Se elevar seu nível de expectativa, Deus o levará a lugares com os quais você nunca sonhou. Ele abrirá portas que nenhum homem pode fechar. Ele o ajudará a superar obstáculos que pareciam intransponíveis, e você verá bondade e abundância de maneiras surpreendentes.

CAPÍTULO QUATRO

DESCUBRA O PODER

Quando você honra a Deus com sua vida, colocando-o em primeiro lugar, ele lhe concede algo chamado *bênção ordenada*. A bênção ordenada é como um ímã. Ela atrai as pessoas certas, sorte, contratos, ideias, recursos e influência. Você não precisa correr atrás dessas coisas nem lutar com toda sua força e talento para que algo aconteça, na esperança de que a vida dê certo. Basta continuar honrando a Deus, e as pessoas certas vão encontrá-lo. As oportunidades certas surgirão em seu caminho. A graça, a sabedoria e a restituição o encontrarão. Por quê? Porque você se tornou um ímã para a bondade de Deus.

As Forças Armadas norte-americanas têm mísseis infravermelhos que são atraídos pelo calor. Os militares programam um alvo no computador e disparam o míssil, que pode percorrer milhares de quilômetros. O alvo pretendido pode estar voando no ar, ziguezagueando aqui e ali, tentando escapar. Mas ele não tem nenhuma chance. Aquele míssil infravermelho segue-o para onde quer que vá. Em algum momento ele consegue alcançá-lo e cumprir o seu propósito.

Quando você coloca Deus em primeiro lugar, ele envia bênçãos e graças que o alcançarão — assim como aquele míssil infravermelho alcança o alvo. Do nada, surge uma benesse. Sua saúde melhora. Você consegue pagar sua casa. De um jeito inesperado, um sonho se torna realidade. Não foi um golpe de sorte. Não é coincidência. É a bênção ordenada na sua vida. Como um ímã, você está atraindo a bondade de Deus.

É esta a mensagem em Deuteronômio 28: quando você segue os caminhos de Deus, fazendo do ato de agradar a ele sua maior prioridade, todas essas bênçãos o alcançarão. Uma tradução diz: "Você se tornará um ímã para as bênçãos." Ou seja, quando você honra a Deus, algo se sente atraído por você. E não é o medo, a doença, a depressão ou o infortúnio. Não. Como um míssil infravermelho, a graça está alcançando-o, a promoção caminha em sua direção, as conexões divinas estão à sua procura. Você está atraindo a bondade de Deus.

Talvez você esteja enfrentando uma doença. Em vez de pensar: *Nunca vou ficar bem; veja só o relatório médico*, sua atitude deve ser: *A cura está me buscando. A restauração está me alcançando.* Se está com dificuldades nas finanças, em vez de pensar: *Nunca vou sair do vermelho; nunca realizarei meus sonhos*, você precisa dizer a si mesmo: *A abundância está à minha procura. A graça está no meu futuro. Benesses vêm em minha direção.* Se você é solteiro, não sentencie: *Nunca me casarei. Estou velho demais. Já passou muito tempo.* Você precisa declarar: *A pessoa certa está me procurando. As conexões divinas estão me alcançando. Elas já estão em meu futuro. Como um ímã, eu as atraio.*

CONTINUE SENDO O SEU MELHOR

Quando olho para o passado, é evidente que muitas graças e dádivas vieram a mim. Eu não corri atrás delas. Estava apenas tentando ser o meu melhor, e Deus fez mais do que eu podia pedir ou pensar. Nunca pensei que pudesse me levantar na frente de pessoas e ministrar. Passei dezessete anos nos bastidores da Lakewood cuidando da produção televisiva. Não estou me gabando, mas, durante esses dezessete anos, fui bastante dedicado. Dei tudo de mim. Fiz de tudo para que a imagem do meu pai fosse a melhor possível. Fazia um esforço a mais para garantir que a iluminação ficasse perfeita e os ângulos da câmera estivessem corretos. Ia até a casa dos meus pais todos os sábados à noite e escolhia terno e gravata para o meu pai vestir quando estivesse no ar no dia seguinte. Minha mãe dizia: "Joel, o papai é um homem adulto. Você não precisa vir todas as semanas. Ele pode escolher a própria roupa." O problema é que eu já tinha visto as escolhas do meu pai! Digamos que ele gostava muito de cores. Eu queria que a transmissão fosse perfeita. Nunca quis ser o pastor sênior de Lakewood. Eu era feliz nos bastidores. Mas, quando meu pai voltou para o Senhor, essa oportunidade bateu em minha porta. Nunca planejei; a oportunidade veio até mim.

O que Deus sonha para sua vida é muito maior do que o seu próprio sonho. Se continuar sendo o melhor onde está, cairá nas graças, será promovido e terá uma oportunidade maior do que jamais imaginou. Você não terá que correr atrás; tudo isso virá até você. Como um ímã, você vai atraí-lo.

Quando eu tinha vinte e poucos anos, entrei em uma joalheria e conheci Victoria. Como um ímã, ela não conseguia manter as mãos longe de mim! (Esse é o meu lado da história, afinal.) No nosso primeiro encontro, saímos e nos divertimos muito. Foi no Centro Compaq, onde agora celebramos os nossos cultos. Na semana seguinte, ela me convidou para ir à sua casa jantar. Nessa noite, rimos e nos divertimos bastante. No dia seguinte, liguei para agradecer, mas ela estava ocupada no trabalho e não pôde conversar. Liguei para a casa dela à noite, mas ela não estava. Liguei para ela no dia seguinte, e no dia seguinte ao seguinte, e no seguinte. Mas ela estava sempre ocupada ou não disponível; por alguma razão, não podia falar. Finalmente, captei a mensagem. Ela estava me evitando. Não queria me ver. *Tudo bem*, pensei. *Não vou ligar mais para ela.* Cerca de duas semanas depois, tomava o meu café da manhã sozinho em uma lanchonete bem cedo quando Victoria apareceu. Ela avistou meu carro no estacionamento, entrou na lanchonete, sentou-se à mesa e disse: "Joel, sinto muito por não ter atendido suas ligações." Ela voltou a si e veio à minha procura! (Mais uma vez, esse é o meu lado da história. Na verdade, ela fez com que eu pagasse seu café da manhã.)

Amigo, Deus tem as pessoas certas para o seu futuro. Quando você honrar a Deus, a pessoa que ele projetou para você — a pessoa certa — surgirá no seu caminho como se atraída por um imã. Você não tem que se preocupar. Você não precisa de joguinhos nem deve tentar convencer alguém a gostar de você. Se não gostarem de você, deixe-os ir. Se não o celebram nem o veem como um presente, um tesouro, alguém único, siga em frente.

Não se prenda a pessoas que não se sentem atraídas por você. A pessoa certa não será capaz de viver sem você. A pessoa que Deus projetou pensará que você é a melhor coisa do mundo. Continue sendo o seu melhor onde está, honrando a Deus, e Deus fará por você o que fez por mim. Ele fará com que você esteja no lugar certo, na hora certa. Conexões divinas surgirão em seu caminho.

ACONTECERÁ NO MOMENTO EXATO

O que Deus planejou para você é muito maior do que qualquer coisa com que já tenha sonhado. Se Deus lhe mostrasse agora mesmo o que ele está lhe trazendo — a graça, o progresso, o poder —, isso atrapalharia sua mente. Talvez você pense, como pensei, que não é o mais qualificado. Que não tem a personalidade ou o talento. Tudo bem. Não vai acontecer só por causa de seu talento, sua personalidade ou seu trabalho duro. Vai acontecer por causa da bênção comandada em sua vida. A unção de Deus em você é mais importante que seu talento, sua educação ou a família da qual você vem. Mesmo que tenha pouco talento, com a graça de Deus você vai mais longe do que os muito talentosos. Talvez não entenda como isso é possível. Não parece ser possível. Mas você não tem que descobrir. Se continuar sendo o melhor onde está, chegando ao trabalho a tempo, fazendo mais do que o necessário, sendo uma pessoa de excelência e integridade, as pessoas e as oportunidades certas o alcançarão.

Agora, não fique frustrado se isso não acontecer no seu cronograma. Você tem que passar em alguns testes. Precisa provar a Deus que será fiel onde está. Se não for fiel no deserto, como Deus pode confiar que será fiel na Terra Prometida? Você precisa manter uma boa atitude quando não consegue o que quer. Precisa ser o melhor quando não é reconhecido. Faça a coisa certa quando for difícil. É aí que seu caráter se desenvolve. Se passar nesses testes, pode ter certeza de que Deus o levará aonde você deve estar. As pessoas certas estão em seu futuro, assim como as oportunidades certas, as benesses, a sabedoria, os contratos, as casas. Deus disse: "Ele nenhum bem recusa aos que vivem com integridade." Aprendi que, em uma fração de segundo, um toque da graça divina pode levá-lo mais longe do que você poderia ir em toda a sua vida por conta própria. Pare de pensar: *Estou ficando para trás. Nunca realizarei meus sonhos.* Não. Deus tem bênçãos fantásticas para o seu futuro. Ele tem bênçãos que vão impulsioná-lo anos e anos à frente.

Você diz: "Joel, tudo isso soa bem. Mas eu realmente não tenho talento. Não conheço as pessoas certas. Não tenho dinheiro." Não faz mal; Deus tem. Ele já alinhou tudo o que você precisa. Há benesses agora mesmo reservadas para você. Há contratos, prédios e empresas reservados para você. Há ideias, invenções, livros, filmes e canções que já têm o seu nome. Enquanto você continuar honrando a Deus, sendo seu melhor, como aquele ímã, você vai atrair o que já lhe está destinado.

Quando isso vai acontecer? No momento certo. Se ainda não aconteceu, não desanime. Deus sabe o que está fazendo. Se tivesse acontecido antes, não teria sido no melhor momento. Continue sendo fiel onde você está e mantenha a atitude de que algo de bom está surgindo em seu caminho.

Assim, você vai atrair como um ímã aquilo que já lhe está destinado. Há uma cura reservada a você. Se é solteiro, há um cônjuge que lhe é destinado. Se acredita em ter um filho, há um bebê reservado para você. Deus já o escolheu para ser Seu. Há um negócio reservado para você. Há um filme premiado reservado para você. Há uma invenção que vai tocar o mundo, e ela já tem o seu nome.

SEUS "FINALMENTES" VÃO ENCONTRÁ-LO

Aqui está a chave completa: não é preciso buscar a bênção. Procure Deus, e as bênçãos buscarão você. É nesse ponto que erramos. Muitas vezes, pensamos: *Tenho que conseguir essa promoção. Tenho que conhecer essa pessoa.*

Preciso acelerar minha carreira. Sim, temos que usar nossos talentos, ser determinados e dar saltos de fé. Mas você pode ficar em paz. Você pode viver em paz sabendo que, por estar honrando a Deus, as pessoas certas vão encontrá-lo. As oportunidades certas o encontrarão.

Em Provérbios, está escrito: "Toda a riqueza dos ímpios é acumulada para ser distribuída aos justos." Note que, como você é o justo, Deus tem algo reservado para você. A boa notícia é que, no momento certo, mais dia menos dia esse "algo" vai encontrá-lo — ou seja, agora mesmo algo está procurando por você: e não é a derrota, a luta, a falta. Você é o justo. A graça está à sua procura. As benesses estão à sua procura. A cura está à sua procura. O poder está à sua procura. Você pode ainda não ter visto nada disso, mas não desanime. Continue honrando a Deus, e Ele promete que alguns desses "finalmentes" vão rastrear você.

Nossas belas instalações, o antigo Centro Compaq, é um "finalmente". Ele foi instalado para nós. Estava destinado a nós e, na hora certa, nos encontrou. O edifício foi construído no início da década de 1970.

Foi chamado pela primeira vez de "Summit". Depois, mudou de nome, tornando-se "Centro Compaq". Mas acredito que, se você tivesse descascado o letreiro na época em que ele foi construído, teria lido "Igreja de Lakewood". Deus nos tinha em mente quando ele foi construído. Finalmente, Deus disse: "Muito bem, é hora de entregá-lo."

Da mesma forma, existem alguns "finalmentes" em seu futuro. O grande problema é que você não precisa ir atrás deles; deve apenas ir atrás de Deus. Coloque-o em primeiro lugar. Viva uma vida de excelência e integridade, e Deus promete que os "finalmentes" chegarão às suas mãos. É isso que Jesus disse: "Buscai, assim, em primeiro lugar, o Reino de Deus e a sua justiça, e todas essas coisas vos serão acrescentadas." Tudo o que você precisa para cumprir seu destino já foi preparado. Agora você só tem que fazer do ato de agradar a Deus sua maior prioridade. Em outras palavras, antes de ceder à tentação, seja firme e diga: "Não, eu vou agradar a Deus e me afastar. Quero cumprir meu destino. Quero chegar aos meus 'finalmentes'." Antes de criticar alguém, pare e declare: "Não, eu vou agradar a Deus e manter minha boca fechada." No escritório, quando não lhe tratarem bem e você começar a negligenciar o trabalho, vença essa atitude e diga: "Vou agradar a Deus e continuar sendo o meu melhor. Sei que não estou trabalhando para as pessoas; estou trabalhando para Deus." Se viver assim, nem mesmo todas as forças das trevas podem afastá-lo do seu destino.

O mais incrível das instalações da nossa igreja é que eu não fui atrás delas; elas vieram até mim. Tentei duas vezes comprar um terreno e construir um novo santuário, mas em ambas a propriedade foi vendida antes. Pensei: *Estamos bloqueados. Não há mais espaço. Não há mais como crescer.* Mas um dia, do nada, um velho amigo telefonou e disse que queria conversar comigo. Ele disse: "Joel, a equipe de basquete Houston Rockets está prestes a sair do Centro Compaq. Aquela seria uma ótima instalação para a Igreja de Lakewood." Quando ele disse isso, algo ganhou vida dentro de mim. Nunca sonhei que poderíamos ter algo tão bonito ou especial. É a principal instalação na quarta maior cidade dos EUA, e fica na segunda autoestrada mais movimentada do país.

Assim como aconteceu conosco, os "finalmentes" que Deus reservou para você vão surpreendê-lo. Será mais do que você pode pedir ou pensar. Deus não só já os arranjou; Ele deu um passo adiante, colocando o seu nome neles. Eles já foram marcados como seu destino divino. E o que você tem que fazer? Preocupar-se? Lutar? Tentar fazer dar certo? Manipular a pessoa tal para que ela talvez lhe faça um favor? Não, você não precisa brincar com as pessoas. Não precisa implorar, esperar que lhe deem uma migalha aqui e ali. Você não é um mendigo; você é uma criança do Deus Altíssimo. Há sangue real fluindo pelas suas veias. Você está vestindo uma coroa de graças. O Criador do Universo o chamou, o preparou, lhe deu poder e o escolheu.

Você só precisa continuar honrando a Deus; as bênçãos o encontrarão. As pessoas certas aparecerão: aquelas que querem ajudar você. As benesses, os negócios e os contratos o encontrarão. Um telefonema, uma pessoa que Deus enviou para ajudá-lo podem mudar o curso da sua vida. Como isso vai acontecer? Será devido ao seu talento, à sua capacidade e ao seu trabalho árduo? Eles são importantes, mas a chave principal é honrar a Deus. É isso que o coloca na posição de que as bênçãos Dele o alcancem. É isso que faz de você um ímã para a graça do Pai.

SONHE MUITO, ACREDITE MUITO, ORE MUITO

Eu sei que você é um ímã forte e poderoso. Você pode estar muito perto de atrair aquilo pelo qual tem orado e no que tem acreditado. Você tem honrado a Deus. Tem sido fiel. Agora Deus está prestes a realizar um "finalmente" em sua vida. Vai ser maior do que imaginava. Quando conhecer essa pessoa, ela será melhor do que você jamais sonhou. Você esperou muito tempo, mas, quando ela aparecer, você vai dizer: "Valeu a espera."

"Bom, Joel, assim você alimenta minhas esperanças." Você está certo. Não é possível ter fé sem primeiro ter esperança. É fácil ficar preso em uma rotina, pensando: *Deus tem sido bom para mim. Tenho uma boa família. Sou saudável. Sou abençoado.* Mas você ainda não viu nada. Você ainda não arranhou a superfície do que Deus tem reservado.

Alguns de vocês vão escrever um livro, um filme ou uma canção que tocará o mundo. A ideia virá até vocês. Vocês não precisam correr atrás dela. Alguns começarão um negócio que se tornará uma força global. Alguns terão um ministério que vai abalar as nações. Ouros criarão uma criança que se tornará presidente ou líder mundial — alguém que faz a história. O "finalmente" que Deus tem em seu futuro vai surpreendê-lo. É diferente de tudo que já tenha visto. Deus o ergueu para ocupar novas terras para o Reino, para ir aonde outros não foram.

Sonhe muito. Acredite muito. Ore muito. Dê espaço a Deus para fazer algo novo em sua vida.

Se você tivesse me dito anos atrás que um dia eu ministraria ao redor do mundo e teria livros traduzidos para idiomas diferentes, eu teria pensado: *Não, eu não. Não tenho nada a dizer.* Mas Deus sabe o que Ele depositou em você — os dons, os talentos, o potencial. Você tem sementes de grandeza no seu interior. As portas que se abrirão, nenhum homem pode fechar. Você se surpreenderá com um talento que nem sabia ter. Deus vai conectá-lo às pessoas certas. Ele vai lhe apresentar oportunidades que o impulsionarão a um novo nível de seu destino.

Quando meu pai era vivo, Victoria e eu o acompanhávamos à Índia algumas vezes ao ano. Uma vez, conhecemos um jovem pastor que vinha de uma família extremamente pobre. Eles não tinham eletricidade ou água corrente e viviam em um campo aberto em uma pequena cabana por eles construída. O homem da casa ao lado era muito rico. Sua fazenda era enorme, com milhares de cabeças de gado, muitas culturas diferentes, e ele vendia leite e verduras para o povo do vilarejo. Mas era ganancioso e cobrava mais do que deveria. Muitos não tinham como pagar por esses alimentos.

Um dia, cerca de dez vacas do rico fazendeiro saíram e foram até a pequena cabana onde viviam o pastor e sua família. Ter apenas uma vaca era um grande negócio, porque ela fornecia leite e outros produtos para vender às pessoas. Os trabalhadores vieram e recuperaram essas vacas, devolvendo-as para dentro da cerca do proprietário. No dia seguinte, as mesmas dez vacas saíram e voltaram para a cabana. Isso aconteceu várias vezes. O proprietário ficou tão frustrado que disse aos seus trabalhadores: "Diga logo ao pastor que pode ficar com as dez vacas." Ele as deu de presente!

O pastor ficou entusiasmado e começou a vender leite e outros produtos lácteos para o povo da aldeia, mas cobrava muito menos que o fazendeiro. Em pouco tempo, as pessoas faziam fila à sua porta. Ele conseguiu comprar mais vacas. Seu negócio continuou crescendo tanto que o dono da fazenda veio até ele e disse: "Você está me levando à falência. Não consigo competir com você. Por que não assume a minha empresa?" O pastor comprou a empresa por uma fração do valor, e hoje tem um negócio de muito sucesso, com várias centenas de funcionários. Mas tudo começou quando as vacas vieram à sua procura e não quiseram voltar para casa. O que foi isso? Como um ímã, ele atraiu a bondade de Deus.

Não precisa se preocupar com a forma como as coisas vão dar certo. Deus sabe como fazer com que as vacas o encontrem. O que lhe é destinado — os imóveis, as benesses, os negócios, as graças — acabará chegando às suas mãos. Em Provérbios, é dito que: "A infelicidade persegue os pecadores, mas a prosperidade é a recompensa dos sábios!" Vocês são os justos. Neste momento, a graça está à sua procura. A promoção está à sua procura. A cura está à sua procura. As vacas podem estar procurando por vocês! A abundância está vindo em sua direção.

DESCUBRA O PODER

Jamais diga: "Nunca sairei do vermelho"; "Nunca me casarei"; "Nunca mais ficarei bem". Você sabe qual é o resultado dessas afirmações? Desmagnetizar seu ímã. Anular todo o seu poder de atração.

Quando eu era pequeno, costumava brincar com um ímã. Um dia, descobri que o ímã havia perdido seu poder de atração. Eu o tinha deixado perto de algo que o desmagnetizou. Parecia o mesmo, mas não atraía mais nada. Da mesma forma, quando nos debruçamos sobre pensamentos negativos — *Não vou conseguir. Não sou capaz. Nunca vai acontecer* —, isso desmagnetiza nosso ímã. Você está tirando o poder dele de atrair o que é seu.

Sabe o que estou fazendo hoje? Estou ajudando-o a descobrir o poder do seu ímã. Quando você percebe que Deus colocou uma bênção ordenada em sua vida e sai a cada dia com a atitude de que algo de bom vai lhe acontecer, é aí que Deus pode fazer muito mais, ao extremo — acima e além.

Cada um de nós pode olhar para trás e recordar um tempo em que vimos a graça de Deus de modo inesperado. Você não foi atrás dela; ela veio atrás de você. Deus lhe enviou essa graça no passado, e a boa notícia é que Ele não só vai fazê-lo novamente no futuro, mas vai lhe mostrar algo que empalidecerá tudo o que você já tenha visto. Há bênçãos fantásticas vindo em sua direção. Elas vão impulsioná-lo a um nível mais alto do que o que você imaginou. Você vai olhar para trás e se juntar a mim, dizendo: "Como é que cheguei aqui? Não sou o mais qualificado nem o mais talentoso. Não tenho toda a experiência." Você pode não ter, mas Deus tem. Ele sabe como guiá-lo para onde você deve estar. Ao longo do dia, faça esta declaração: "Eu sou abençoado."

Acredito que hoje o poder do seu ímã está sendo ativado. Você está prestes a atrair benesses, promoção, cura, graça, ideias, contratos e criatividade. Deus está prestes a liberar na sua vida o que lhe é destinado. Você não terá que correr atrás; a abundância virá em sua direção. Vai ser maior do que você imaginou. Vai acontecer mais cedo do que imaginava. Você está prestes a entrar na plenitude do seu destino e tornar-se tudo o que Deus o criou para ser.

CAPÍTULO CINCO

SEJA O MILAGRE DE ALGUÉM

Muitas pessoas oram por um milagre. "Deus, por favor, me mande um amigo. Deus, preciso de ajuda com essas crianças. Preciso de treinamento. Deus, preciso de um golpe de sorte", dizem. Temos que perceber que podemos nos tornar o milagre do qual outras pessoas precisam. Deus usa as pessoas. Ele não tem mãos para curar, só tem as nossas mãos. Não tem voz para encorajar, somente a nossa. Ele não tem braços para abraçar, só tem os nossos braços. Deus guiará as pessoas para o nosso caminho para que sejamos a resposta às orações delas.

Talvez não perceba, mas você é um milagre prestes a acontecer. Alguém que você conhece está solitário. Está orando por um amigo. Você é o milagre pelo qual ele espera. Alguém recebeu um relatório médico ruim. Ele está preocupado e ora: "Deus, por favor, me mande um sinal. Avise-me que você ainda está no controle." Você é esse sinal. Um simples telefonema para dizer "Estou pensando em você. Quero que saiba que tudo vai dar certo", e você acabou de se tornar o milagre dessa pessoa. Alguém está desanimado, dizendo: "Deus, não entendo essa matéria. Não vou passar nesse curso. Deus, me envie alguém." Você é esse alguém.

Dedique seu tempo a se tornar o milagre. Esteja ciente de quem está em sua vida. Eles não estão lá por acidente. Deus os colocou lá de propósito. Você está cheio de milagres. Há cura em você. Há restauração, há amizade, há novos começos. A vida é muito mais gratificante quando percebemos que podemos ser a resposta à oração de alguém. Você pode erguer os caídos. Pode restaurar os derrotados. Você pode ser gentil com um estranho. Você pode se tornar o milagre de alguém.

UM MILAGRE PRESTES A ACONTECER

Meu irmão, Paul, é cirurgião. Ele passa muito tempo na África operando pessoas carentes, no meio do nada, em uma aldeia remota, a centenas de quilômetros da cidade mais próxima. A clínica é apenas um pequeno prédio de lata que quase não tem eletricidade, com poucos suprimentos médicos e apenas um médico. Há vários anos, em uma de suas visitas, ele viu entrar na clínica, no meio da noite, um jovem atingido por um dente de elefante no abdômen. Paul o levou para a sala de cirurgia improvisada, com a esperança de salvar sua vida. O problema era que não havia sangue para uma transfusão. Paul poderia ter pensado: *Que pena. Gostaria de ajudá-lo, mas você vai precisar de vários litros de sangue. Hoje não é seu dia de sorte.* Antes de Paul operar, passou trinta minutos doando o próprio sangue. Operou o jovem e, em seguida, fez uma transfusão do seu próprio sangue para o paciente. O que ele estava fazendo?

Estava se tornando um milagre. Ele poderia ter dito: "Deus, ele está péssimo. Ele precisa de um milagre", mas percebeu: *Eu sou o milagre dele.*

Todos nós sabemos que Deus pode fazer coisas incríveis. Sabemos que Deus pode fazer milagres. Mas o que quero que vejamos é que Ele colocou milagres em nós. Nós podemos ser a resposta às orações das pessoas. Você pode ser o lance de sorte que procuram. Você pode ser a ajuda que elas têm desejado. Talvez não faça algo tão dramático como salvar a vida delas, mas pode ensinar ao seu colega de trabalho as habilidades que você domina. Ou ajudar aquela família que está com dificuldades para pagar o aluguel. Ou levar aquele jovem para jogar beisebol com seu filho toda semana. Pode não ser grande coisa para você, mas é um milagre para eles. É o que os impulsionará em direção ao destino deles.

Se todos tivéssemos essa atitude — *eu sou um milagre prestes a acontecer* —, que tipo de mundo seria este? Já ouvi dizer: "Às vezes não precisamos de um milagre, só precisamos uns dos outros." Olhe ao seu redor, veja quem está em sua vida. Ouça o que dizem. Há alguma forma de ajudar? Você pode elogiá-los no escritório? Eles precisam de um vestido para uma ocasião especial e você tem uma dúzia deles (e que nunca vai usar)? Vivem sozinhos, longe da própria família, que está em outro estado? Você poderia convidá-los para almoçar com sua família de vez em quando. Faça-os se sentirem bem-vindos. É nessas oportunidades que você pode se tornar o milagre deles.

"QUANDO VOCÊ OFERECE AJUDA..."

Um bom amigo meu cresceu muito pobre em uma habitação social. Ele veio de uma família monoparental e nem sempre havia estabilidade em casa. Adorava ler e escrever, e seu sonho era tornar-se jornalista televisivo. Contrariando as possibilidades, ele conseguiu uma bolsa de estudos para uma universidade de maioria branca da Ivy League. Ele é afro-americano. Seu colega de quarto veio de uma família muito prestigiosa e influente — o oposto exato da sua. Mas esses dois jovens se deram bem e se tornaram melhores amigos. Ele contou ao colega o seu desejo de se tornar jornalista televisivo. O colega disse: "Para ser jornalista, é preciso ter um vocabulário melhor. Você não tem muito vocabulário." Todos os dias, esse colega de quarto pegava o dicionário e ensinava a seu amigo uma nova palavra, fazendo com que ele a aplicasse em frases durante todo o dia. Isso se prolongou por quatro anos seguidos. O que esse companheiro de quarto estava fazendo? Estava se tornando um milagre. Ele se importou e dedicou seu tempo a isso. Ele percebeu que seu amigo estava em sua vida por uma razão. Hoje, esse jovem é um dos melhores jornalistas dos Estados Unidos: trabalha para uma grande rede e é visto em um dos mais prestigiados programas de notícias. Mas eu me pergunto onde ele estaria se seu colega de quarto não tivesse tido tempo para se tornar um milagre.

"Bom", diz você, "não quero ler sobre ser um milagre. Eu é que preciso de um milagre". Esta é a chave: tornando-se um milagre, Deus sempre se certificará de que você consiga os milagres de que precisa. Enquanto estiver semeando essas sementes, as pessoas certas, as oportunidades certas e a sorte de que precisa estarão em seu futuro. Deus o levará para onde você deve estar. É isto que está escrito em Provérbios: "Quem oferece ajuda ao necessitado conforto receberá." Se quiser que seu sonho se realize, ajude a realizar o sonho de outra pessoa. Se precisa de um milagre, torne-se um milagre. Quando dedica tempo a investir nos outros, as sementes que semeia sempre voltarão para você.

Há alguns anos, conheci duas senhoras após um culto; elas pareciam mãe e filha. Mas a mais velha disse: "Não, não somos, mas é como se ela fosse minha filha." Ela contou como, antes de mudarmos nossa igreja do nordeste de Houston para as novas instalações, ficou preocupada, pensando se poderia continuar a vir. Ela é viúva e não se sente à vontade para dirigir na estrada. Um dia, após um culto, contou seu dilema a um grupo de amigos. A jovem, que ela nunca tinha visto antes, ouviu, levantou-se e disse: "E se eu fosse buscá-la todos os domingos e lhe desse carona?" A senhora ficou muito surpresa, olhou para a jovem e disse: "Você está falando sério? Onde você mora?" Elas viviam a trinta minutos de distância uma da outra. Mas isso não impediu a jovem. Ela poderia ter pensado: *Adoraria ajudá-la, mas é longe. Estou ocupada com minha carreira, e a gasolina está muito cara.* Em vez disso, enxergou uma oportunidade de se tornar um milagre. Agora, todos os domingos de manhã, como um relógio, ela para o carro na porta da senhora às nove e meia para levá-la à igreja. Depois de me contar a história, a senhora abraçou a jovem e disse: "Joel, ela é o meu milagre."

Não se pode ajudar a todos, mas podemos ajudar alguém. Há pessoas que Deus colocou em seu caminho e que estão ligadas ao seu destino. À medida que você as ajudar a progredir, se elevará mais alto. À medida que você satisfaz as necessidades dessas pessoas, Deus satisfaz suas necessidades com abundância. Quando você se tornar um milagre, Deus lhe dará milagres. Mas o oposto também é verdade. Se estivermos muito ocupados para ajudar alguém, não teremos a ajuda de que precisamos. Se estivermos muito envolvidos em nossos próprios sonhos para investir nos dos outros, ou muito preocupados com nossos próprios problemas para encorajar outra pessoa, ficaremos bloqueados. Atingir seu potencial maior depende de você ajudar alguém a atingir o próprio potencial. É como um bumerangue. Quando você ajuda alguém a progredir, há sempre um retorno, e você progride também.

VOCÊ ESTÁ REPLETO DE MILAGRES

Em Lucas 10, Jesus conta a parábola de um homem que, ao caminhar por uma estrada, foi atacado e espancado por bandidos. Eles o largaram no chão, quase morto. Em pouco tempo, apareceu um sacerdote, que viu o homem a distância e pensou: *Nossa, ele está péssimo. Precisa mesmo de um milagre. Vou orar por ele.* E seguiu em frente. Depois apareceu outro homem, um levita, ou um assistente dos sacerdotes, que se saiu um pouco melhor. Ele se aproximou do homem e o examinou, sentindo pena dele. Pensou: *Que injustiça. Espero que alguém o ajude*, e seguiu em frente.

Depois, apareceu o terceiro homem, um samaritano. Como os dois primeiros, pensou: *Ele precisa mesmo de um milagre.* Mas deu um passo adiante e disse: "Sabe de uma coisa? Eu sou o milagre dele. Estou no lugar certo, na hora certa. Deus o colocou no meu caminho para que eu seja um curador, um restaurador, para que eu possa dar a ele um novo começo." O samaritano aproximou-se do homem, ajoelhou-se e começou a cuidar dele. Deu-lhe um pouco de sua água, tirou seu lenço e enfaixou as feridas dele. O samaritano então o ergueu do chão com delicadeza, colocou-o sobre seu animal e o ajudou quilômetro após quilômetro, enquanto caminhavam para a cidade mais próxima. Quando chegaram à pousada local, pagou adiantado ao proprietário e disse: "Cuide dele. Deixe-o ficar o tempo que ele quiser. Dê-lhe tudo o que precisar. Prometo que, quando voltar, pagarei por quaisquer despesas extras."

Minha pergunta é: qual desses homens você é? É fácil ficar muito ocupado e pensar: *Não tenho tempo para ajudar os outros. Tenho meus próprios problemas.* Ajudar os outros pode ser a chave para ver sua situação se reverter. Se percebe que alguém precisa de incentivo, de uma carona, de sangue ou de ajuda para realizar um sonho, essas são oportunidades para que você alcance um nível superior. Quando você oferece ajuda ao necessitado, recebe conforto.

É interessante que Jesus usou um sacerdote como exemplo na parábola. Ele não podia parar. Precisava ir ao templo. Precisava cumprir seus deveres religiosos. Não tinha tempo para se preocupar com aquele homem. Afinal de contas, se o ajudasse, poderia sujar seu manto branco com o sangue, ou deixá-lo "impuro". E, então, talvez não parecesse apresentável para o templo. Ele tinha todos os tipos de desculpas. Mas a verdadeira religião se suja. A verdadeira religião não se esconde atrás de vitrais ou roupas vistosas. Ela vai para onde as necessidades estão.

Você nunca se eleva mais aos olhos de Deus do que quando se abaixa até o chão para erguer alguém. Ajudar os feridos é estar o mais próximo possível do coração de Deus. Dedicar tempo a restaurar os feridos, derramando óleo curativo sobre suas chagas, encorajando-os, enxugando as lágrimas deles, mostrando-lhes que existem novos começos — essa é a religião de que Jesus falou. A verdadeira religião não julga as pessoas para ver se merecem nossa ajuda. "Bem, ela está passando necessidade, mas não acho que viva o tipo certo de vida"; "Ele está sofrendo, mas é sua própria culpa. Ele é viciado. Ele mesmo é o responsável pelo próprio problema".

Jesus disse: "São os doentes que precisam de médico, não os saudáveis." Deus não nos chamou para julgar as pessoas; nos chamou para curá-las. Ele nos chamou para restaurá-las. Ele nos chamou para que nos tornássemos o milagre delas. Qualquer um pode encontrar falhas. Qualquer um pode ser crítico e arranjar desculpas para seguir adiante. Isso é fácil. Mas onde estão as pessoas que terão tempo para se preocupar com alguém? Onde estão as pessoas que vão se sujar e amar esse alguém até que ele volte à plenitude?

Esse terceiro homem, o samaritano, aproximou-se do ferido e começou a ajudá-lo, fazendo a diferença. Ele não pensou duas vezes. Ele se tornou o milagre. É esse o tipo de pessoa que devemos ser. Não passantes. Não pessoas muito ocupadas com a própria carreira ou com o trabalho na igreja. Não pessoas como o segundo homem, que até sente pena, mas diz: "Gostaria que isso não tivesse acontecido. Sinto-me mal. Vou orar por ele." Vamos nos tornar o milagre. Deus está contando conosco. Você pode erguer os caídos. Pode curar a dor. Pode ser amigo dos solitários. Pode ajudar a realizar um sonho. Você está cheio de milagres.

DERRAMAR O ÓLEO DE CURA

A popular cantora cristã Tammy Trent é uma amiga minha. Ela contou como passou as férias com o marido, Trent, em uma ilha tropical para comemorarem o 11º aniversário de casamento. Trent era um mergulhador muito habilidoso que conseguia ficar debaixo d'água sem tanque de ar durante seis ou sete minutos. No primeiro dia, eles chegaram à praia muito animados. Trent pulou na água e começou a explorar as cavernas subaquáticas. Tammy ficou na praia, desfrutando da bela paisagem. Dez minutos se passaram e ela não via sinal do marido, o que a deixou um pouco preocupada. Vinte minutos, e nada de sinal ainda. Trinta minutos, e ainda não via Trent. Começou a entrar em pânico e chamou as autoridades, que enviaram barcos e o procuraram por várias horas. Infelizmente, no dia seguinte encontraram o corpo de Trent já sem vida.

Tammy não estava apenas em choque e devastada; ela estava em um país estrangeiro, sozinha, sem ninguém que conhecesse. Seus pais fizeram de imediato os preparativos para o voo no dia seguinte. O problema é que tudo isso aconteceu em 10 de setembro de 2001. No dia seguinte, foi o 11 de setembro de 2001. Todos os voos foram cancelados. Tammy ficou lá por dias sozinha, sentindo-se solitária e abandonada. Estava tão entorpecida que nem conseguia pensar direito. Por fim, conseguiu orar e pediu: "Deus, se você ainda se importa, mande alguém para me ajudar. Deus, mande alguém para que eu saiba que você ainda está aqui."

Alguns minutos depois, ouviu uma batida na porta do seu quarto de hotel. Era a camareira, uma senhora jamaicana. "Não quero me meter na sua vida, mas, quando estava limpando o quarto ao lado, não pude deixar de ouvi-la chorar, e fiquei me perguntando se poderia orar com você", disse ela. Tammy contou-lhe o que havia acontecido, e a camareira jamaicana colocou seus braços amorosos em volta de Tammy e a abraçou como se fosse sua própria filha. Naquele momento, a milhares de quilômetros de casa, Tammy sabia que Deus ainda estava no controle. A camareira dedicou tempo sendo alguém que cura. Ela era tão sensível às necessidades ao seu redor que conseguiu ouvir o choro estando em outro cômodo. Ela sabia que uma das razões pela qual estava aqui na Terra era ajudar a enxugar as lágrimas. Naquele dia, ela derramou óleo curativo sobre as feridas de Tammy. Ela se tornou um milagre.

MOSTRE A ELES QUE VOCÊ SE IMPORTA

As Escrituras dizem que um dia Deus enxugará todas as lágrimas. Não haverá mais tragédia, doença, dor. Mas, até esse dia, Deus está contando com você e comigo para enxugá-las. Você está erguendo os caídos? Está restaurando os derrotados? Está dedicando seu tempo a ajudar alguém necessitado? É ótimo vir à igreja e celebrar. É importante. Vamos à igreja para sermos encorajados, saciados e fortalecidos. Mas nossa verdadeira tarefa começa quando saímos do edifício. Olhe ao seu redor e encontre os desanimados. Ouça os gritos de ajuda. Talvez não consiga ouvi-los com os ouvidos, mas pode ouvi-los com seu coração. Você percebe quando alguém está mal. De repente, percebe que a compaixão flui em direção a essa pessoa. Você pensa: *Preciso levá-la para jantar fora. Preciso animá-la.* Não adie. Não seja um passante. Isso é Deus querendo que você traga cura. Há uma lágrima que você precisa enxugar.

Anos atrás, fui almoçar em um pequeno restaurante, no qual você pede a comida na entrada. Enquanto caminhava até o balcão, avistei um homem em uma mesa sozinho. Quando nossos olhos se encontraram, ele fez que "sim" com a cabeça, e senti compaixão por ele de imediato. Eu sabia que deveria encorajá-lo de alguma forma. Ele vestia um belo terno e parecia bem de vida. Eu estava de short e carregava o Jonathan, meu filho, que tinha cerca de dois anos na época. Pensei: *Não vou animá-lo. Está tudo bem com ele.* Continuei adiando e adiando.

Pedi nossa comida e, na saída, como ele tinha acenado para mim, decidi passar pela mesa dele. "Olá. Como vão as coisas?", disse eu, sendo apenas cordial.

"Não muito bem. As coisas estão um pouco difíceis", respondeu ele, com um meio-sorriso.

Não pensei muito nisso. Apenas sorri e disse: "É, eu sei. Vai melhorar."

Ele me agradeceu, e eu fui embora. Essa foi a extensão da conversa.

Alguns meses depois, recebi uma carta dele pelo correio, me contando como estava na pior fase de sua vida naquela época. Enfrentava um divórcio, e seu mundo inteiro havia desmoronado. Ficou durante meses em depressão. Mas ele disse: "Quando você fez aquela afirmação de que tudo ia melhorar, foi como se algo reacendesse aqui dentro." Aquele dia foi um ponto de inflexão em sua vida. Ele saiu da depressão. Recuperou sua chama. Hoje, está seguindo em frente.

Quero que você veja que eu não disse nada profundo. Não senti calafrios quando o disse. Apenas dediquei algum tempo a mostrar-lhe que me importava. Nós não percebemos que temos a força mais poderosa do universo dentro de nós. Aquilo que talvez nos pareça comum, nada de mais, torna-se extraordinário quando Deus sopra. Pode ser vivificante. Um simples ato de bondade. Um simples abraço. Palavras de encorajamento. Deixar alguém saber que você se importa. Essa pode ser a centelha que os traz de volta à vida.

ABRAÇOS QUE SALVAM

Em 1995, uma jovem deu à luz meninas gêmeas. Elas nasceram muito prematuras. Uma das bebês foi diagnosticada com um grave problema cardíaco; não se esperava que vivessem. Segundo a diretriz do hospital, as bebês deveriam ser mantidas em incubadoras separadas. Vários dias se passaram e a bebê continuou a piorar, chegando muito perto da morte. Uma das enfermeiras sentiu que as bebês deveriam ser colocadas na mesma incubadora, pois tinham estado juntas no útero da mãe. Após muito trabalho e persuasão, convenceu o hospital a abrir uma exceção, e elas foram colocadas na mesma incubadora, lado a lado. Durante a noite, de alguma forma, a bebê saudável conseguiu colocar o braço em torno da irmãzinha doente. Para surpresa de todos, a saúde da irmãzinha começou a melhorar. A temperatura dela voltou ao normal. Seu coração se estabilizou. Pouco a pouco, dia após dia, ela foi melhorando e melhorando. Hoje, essas duas jovens são perfeitamente saudáveis. Há uma imagem muito tocante da bebezinha com o braço em volta da irmã: chama-se "O abraço que salva".

Nem sempre percebemos como somos poderosos de verdade. Deus colocou poder de cura em você. Seus abraços podem fazer com que as pessoas melhorem. Suas palavras amáveis podem colocar as pessoas de pé. As Escrituras dizem que "as palavras bondosas revigoram a nossa vida". Telefonar para alguém, dar uma carona, levar para jantar fora, encorajar sonhos — há milagres em você à espera de acontecer. Algumas pessoas só precisam saber que você acredita nelas. Talvez lhe pareça muito simples dizer-lhes: "Você é incrível. Você vai fazer coisas incríveis. Estou orando por você", mas, para elas, pode ser vivificante. Pode ajudá-las a florescer em tudo o que foram criadas para ser.

As Escrituras descrevem um episódio em que Moisés estava no topo de uma grande colina assistindo a uma batalha, segurando seu cajado no ar. Enquanto segurasse o cajado no ar, os israelitas venceriam. Mas a batalha se prolongava por horas, e ele estava cansado. Toda vez que baixava os braços, os amalequitas começavam a ganhar. No fim das contas, Moisés não conseguia mais aguentar. Estava muito cansado. Seu irmão, Arão, e um amigo chamado Hur estavam ao lado de Moisés na montanha, assistindo a tudo. Eles poderiam ter orado: "Deus, precisamos de um milagre. Precisamos impedir que os amalequitas nos derrotem." Em vez disso, tiveram a seguinte atitude: *Nós podemos nos tornar o milagre*. Posicionaram-se cada um de um lado de Moisés e ergueram seus braços. Como eles se tornaram o milagre, os israelitas ganharam a vitória.

Há pessoas que Deus coloca em nosso caminho para que ergamos seus braços. Elas não vão vencer sozinhas. Precisam do seu encorajamento. Precisam de seu abraço salvador. Precisam saber que você se importa. Elas estão orando por um milagre. Não perca a oportunidade. Faça como Arão e Hur e torne-se o milagre.

Assisti a uma reportagem sobre uma jovem chamada Meghan, que estava no último ano do ensino médio e já era uma estrela na corrida de longa distância na equipe de atletismo. Nas finais das pistas estaduais, ela já havia conquistado o primeiro lugar na corrida de 1.600 metros. Em seguida, estava competindo na corrida de 3.200 metros. Ao contornar a curva final, a uns cinquenta metros da linha de chegada, viu a garota à sua frente começar a vacilar, dobrando os joelhos. A garota não conseguia correr em linha reta e, por fim, caiu no chão. O que aconteceu em seguida foi notícia em todo o mundo. Em vez de ultrapassá-la, pensando só na oportunidade de vencer outra corredora, Meghan parou de correr, foi até a menina, ergueu-a do chão, colocou o braço em volta de seus ombros e começou a carregá-la em direção à linha de chegada.

As pessoas nas arquibancadas começaram a aplaudir. Não havia um olho seco no lugar. Quando alcançou a linha de chegada, Meghan virou-se para que sua adversária pudesse cruzar a linha na frente dela. Tecnicamente, ambas deveriam ter sido desclassificadas, pois não é permitido tocar outro corredor, mas abriram uma exceção e ambas marcaram o tempo de chegada. Meghan disse, mais tarde: "Ajudá-la a cruzar aquela linha de chegada foi mais satisfatório para mim do que ganhar o campeonato estadual."

SUA LUZ RESPLANDECERÁ

É ótimo receber um milagre, mas não há sentimento maior que o de se tornar um milagre. Quem você está carregando? Quem você está erguendo? Quem você está ajudando a cruzar essa linha de chegada? Seu destino está conectado a ajudar aos outros.

Isaías explica da seguinte forma: "Partilhar teu alimento com o faminto, abrigar o pobre desamparado, vestir o nu e sem-teto que encontraste e não recusar tua ajuda ao próximo. Quando fizeres assim, então a tua luz resplandecerá como a alvorada, e prontamente surgirá a tua cura." Se você se empenhar em tornar-se um milagre, Deus se empenhará em lhe conceder milagres. Nunca lhe faltarão bênçãos do Pai e abundância.

Amigo, você é a resposta à oração de alguém. Você pode dar um abraço salvador nesta semana. Você pode ajudar um amigo a cruzar a linha de chegada. Você é o milagre no qual ele crê. Todo dia, quando sair de casa, saia com a seguinte atitude: *Eu sou um milagre prestes a acontecer.* Se viver pensando não em como conseguir um milagre, mas em como se tornar um, então, como Deus prometeu, sua luz resplandecerá como a alvorada. Sua cura, sua promoção e sua restituição virão logo.

Projetos corporativos e edições personalizadas
dentro da sua estratégia de negócio. Já pensou nisso?

Coordenação de Eventos
Viviane Paiva
viviane@altabooks.com.br

Contato Comercial
vendas.corporativas@altabooks.com.br

A Alta Books tem criado experiências incríveis no meio corporativo. Com a crescente implementação da educação corporativa nas empresas, o livro entra como uma importante fonte de conhecimento. Com atendimento personalizado, conseguimos identificar as principais necessidades, e criar uma seleção de livros que podem ser utilizados de diversas maneiras, como por exemplo, para fortalecer relacionamento com suas equipes/ seus clientes. Você já utilizou o livro para alguma ação estratégica na sua empresa?

Entre em contato com nosso time para entender melhor as possibilidades de personalização e incentivo ao desenvolvimento pessoal e profissional.

PUBLIQUE SEU LIVRO

Publique seu livro com a Alta Books.
Para mais informações envie um e-mail para: autoria@altabooks.com.br

 /altabooks   /alta-books  /altabooks /altabooks

CONHEÇA OUTROS LIVROS DA **ALTA BOOKS**

Todas as imagens são meramente ilustrativas.

Este livro foi impresso nas oficinas gráficas da Editora Vozes Ltda.,
Rua Frei Luís, 100 – Petrópolis, RJ.